COCINA SIN COLESTEROL

No es gratuito el hecho de que los médicos se refieran al colesterol como "el asesino silencioso", ya que esta sustancia es el segundo factor de riesgo más importante en las enfermedades cardiacas (después del tabaquismo). El consumo inmoderado de grasas saturadas que caracteriza la dieta del hombre contemporáneo, ha convertido a las afecciones cardiorespiratorias en la principal causa de muerte en nuestra sociedad. En consecuencia, la modificación de nuestros hábitos alimenticios es condición indispensable para conservar la salud.

Cocina sin colesterol, obra de la prestigiada nutrióloga Olga Aude, le proporciona a usted deliciosas recetas que reducen al mínimo el contenido de colesterol en los alimentos. Su fácil preparación, sin detrimento del sabor, hace de este libro un auxiliar indispensable para llevar tras las rejas al asesino silencioso de la modernidad: el temible colesterol.

Dra. Olga Aude

COCINA SIN COLESTEROL

SELECTOR

actualidad editorial

SELECTOR
actualidad editorial
Doctor Erazo 120 Colonia Doctores México 06720, D.F.
Tel. 55 88 72 72 Fax. 57 61 57 16

COCINA SIN COLESTEROL
Diseño de portada: Heidi Zelinsky

ISBN: 970-643-047-4

Décima Sexta reimpresión. Junio de 2004

Sistema de clasificación Melvil Dewey

394 641.563
A17
2003

Aude Rueda, Olga.
Cocina sin colesterol/Dra Olga Aude Rueda.--
México: Selector, 2003.
200 p.

ISBN: 970-643-047-4

1. Cocina. 2. Naturismo

Contenido

Introducción

Los ideales que se acompañan de ideas organizadas, la mayoría de las veces fructifican.

Los ideales que se desean obtener son:

- Hacer *placentero* el momento de la ingesta de los alimentos, a cualquier persona, incluyendo a todos los que padecen alguna enfermedad.

- Comer sabroso y nutritivo al seguir la dieta indicada.

- *Guisar lo mismo para todos los de la casa* y los que tengan dietas especiales tomarán las *raciones* que les correspondan.

- *Prevenir* con este tipo de alimentación, alteraciones metabólicas; sobre todo en las familias que tienen antecedentes hereditarios de infartos del miocardio en edades tempranas; enfermedad cerebrovascular y vascular periférica; alteraciones en los lípidos (colesterol sérico elevado, etcétera); diabetes mellitus.

- Que *aprendan* las generaciones jóvenes a comer sabrosa y adecuadamente en sus casas, de manera que cuando ellas formen sus nuevos hogares, puedan trasmitir a sus hijos hábitos nutricionales más apropiados.

OLGA AUDE RUEDA

¿Por qué limitar la ingesta de colesterol?

En las naciones que han adoptado el tipo de vida occidental, sobre todo en lo que a alimentación se refiere, es notorio el incremento de las alteraciones cardiovasculares, las cuales son las enfermedades más frecuentes en varios países de América Latina.

La causa principal de la enfermedad cardiovascular es la obstrucción del flujo sanguíneo; esto es cuando la sangre no circula de una manera fluida, debido a la formación de depósitos de colesterol en la pared interna de los vasos sanguíneos. Estos canales se ven gravemente reducidos y esto obstaculiza el paso correcto de la sangre. Por lo general no hay síntomas previos hasta que se cierra totalmente la cavidad de las arterias y se provoca el infarto, o sea, la muerte del tejido.

Existen varios factores que nos exponen a un infarto cardíaco. Los más importantes son: la presión arterial alta, el tabaquismo, el exceso de peso, la diabetes y, sobre todo, el colesterol sanguíneo elevado.

El colesterol es una sustancia grasa, que forma parte de la estructura de las membranas de cada célula y de la capa que envuelve a los nervios. Nuestro cuerpo lo produce y es necesario, en cantidades adecuadas, para el funcionamiento correcto del organismo.

El colesterol sérico o sanguíneo se eleva cuando abusamos de los alimentos cuyo contenido de colesterol es alto y también cuando existen defectos del organismo en la síntesis de colesterol, por alteraciones genéticas.

Sin embargo, la mayoría de los infartos que ocurren en el adulto joven coinciden con niveles elevados de colesterol, que muchas veces procede de dietas caracterizadas por un alto contenido de grasas, colesterol o de calorías.

No cabe duda que el funcionamiento de nuestro organismo es afectado cuando aumenta el consumo de colesterol. El hígado, al recibir directamente esta sustancia en mayor cantidad, disminuye la extracción de partículas con alto contenido de colesterol. Además, cuando consumimos más calorías de las requeridas, provocamos un aumento en la síntesis o unión de fracciones que contienen cantidades considerables de colesterol.

De esta manera, una arteria puede taparse por completo, y cuando esto ocurre en las coronarias, se produce un infarto. Cabe aclarar que, de igual manera puede suceder con una arteria del cerebro o de los miembros pélvicos, ocasionando también graves daños o incluso la muerte.

La arteriosclerosis puede tener sus inicios en la niñez, por tanto, se debe vigilar el consumo de grasa y colesterol en los niños a partir de los dos años. Los hábitos dietéticos adquiridos durante la infancia son los que generalmente se mantienen en la vida del adulto. Así que una dieta adecuada ayudará a conservar niveles de colesterol con tendencia a lo normal, y probablemente será más difícil observar obesidad cuando se sobrepasen los cuarenta años de edad.

Si reducimos la ingesta de colesterol, reducimos parcialmente el riesgo de un infarto. Pero la cantidad adecuada para cada individuo lo indica el propio organismo, según sea el caso.

De acuerdo con el Programa Nacional de Educación sobre el Colesterol, la terapia dietética es el primer paso del tratamiento para personas con nivel de colesterol elevado, y presenta sus recomendaciones y dietas en dos etapas. Asimismo, el grupo europeo define los contenidos, las cantidades y los tipos de dietas, teniendo como base una serie de parámetros que se deben conocer ANTES de decidir el régimen dietético.

Aporte nutricional

El aporte nutricional diario debe incluir: agua, proteínas animales y vegetales, carbohidratos simples y complejos, grasas, minerales y vitaminas. Estas sustancias se interrelacionan estrechamente.

Las proteínas, como tales, no se almacenan en el organismo y por tanto, se deben remplazar constantemente. Excederse de la cantidad que requiere cada persona, podría provocar que se transforme en grasa.

Las proteínas de origen animal, se encuentran en las carnes rojas, como son las de res, cordero y cerdo; también en el pescado, el pollo, la leche, el huevo y los productos lácteos.

Existen los llamados aminoácidos esenciales que forman parte de las proteínas; que no se encuentran en todos los alimentos, y que como los seres humanos no los producen, es necesario obtenerlo de los productos de origen animal, ya que cada uno de los de origen vegetal carecen de un aminoácido esencial. De esta manera, surge la recomendación de combinar leguminosas con cereales para obtener resultados similares a los que se obtienen con estos aminoácidos.

Personas que han tenido concentraciones elevadas de colesterol han aprendido a consumir más proteínas vegetales y menos de origen animal. Sin embargo, los niños, los adolescentes, las mujeres embarazadas o los lactantes, requieren por lo general mayor ingesta de proteínas animales, pues son indispensables para el crecimiento.

13

Los carbohidratos, como ya se mencionó, también deben ser incluidos en la dieta diaria. Se encuentran en frutas, dulces, harinas de maíz, trigo, cereales, pastas, leguminosas (garbanzos, frijoles, alubias, lentejas, habas, germinados).

Al incluir un alimento en nuestra dieta debemos tomar en cuenta los nutrientes que aporta, ya que algunos sólo proporcionan energía como es el caso de los dulces, y esta misma energía, la podemos obtener de otros alimentos realmente nutritivos, como son las leguminosas y los cereales. El consumo diario de fibra es muy recomendable, ya que aumenta el tránsito intestinal, y disminuye la absorción de carbohidratos, colesterol y sales biliares.

Se ha reportado que si se utilizan 15-25 gramos al día de fibra se mejora el nivel de colesterol sanguíneo. No obstante, en algunas personas esto puede provocar alteraciones gastrointestinales, por lo que se recomienda ingerirla en cantidades pequeñas y frecuentes.

Las grasas son los nutrientes que aportan más energía al cuerpo; se utilizan para aprovechar las proteínas y los carbohidratos, además de que forman parte de algunas vitaminas. Existen básicamente dos clases de ácidos grasos: saturados e insaturados. La grasa saturada es la que puede elevar el colesterol sanguíneo: la hay de origen animal; sobre todo la encontramos en la carne de res, grasa y piel de pollo, manteca de cerdo, cremas de leche, leche entera, yema de huevo, mollejas, hígados y demás vísceras; y aunque en pequeñas cantidades, también se encuentra en algunos pescados; y también hay grasas saturadas de origen vegetal, como la que contienen los aceites de coco y palma.

Las grasas insaturadas se obtienen del pescado, aceites de maíz o cártamo, nueces, avellanas, aguacate, cacahuate y su mantequilla.

Al preparar los alimentos es conveniente utilizar grasas insaturadas, como los aceites de maíz y de cártamo, en cantidades reducidas. Asimismo, es recomendable usar el aceite de oliva y la mantequilla, pero *sin freírlos* para evitar que se saturen. Las cantidades de grasa serán determinadas por un médico, con mayor razón si existen problemas de obesidad o colesterol.

En una dieta limitada en grasas totales, saturadas y colesterol, debe haber un equilibrio en el contenido de nutrientes. Reitero que para lograrlo se debe consumir una amplia variedad de alimentos.

Los alimentos tienen contenido calórico, lo que indica el grado de energía que brindan; las proteínas, carbohidratos y las grasas tienen diferentes cantidades de calorías. Un gramo de proteína o de carbohidratos produce 4 calorías; un gramo de grasa proporciona 9 en total.

Las calorías que no se consumen en forma de energía son almacenadas por el cuerpo como tejido graso. De ahí la importancia de *realizar ejercicio físico diario*; así, transformamos las calorías, favorecemos la utilización de la insulina y disminuimos el estrés. La obesidad es producto, en gran parte, del exceso de calorías, insulina elevada y estrés.

Las recetas de este libro han sido adaptadas para reducir en la dieta diaria las grasas totales y saturadas, el colesterol, los azúcares simples y, si se sirven las raciones apropiadas, también se reducirán las calorías totales.

Las calorías totales de su dieta diaria deben ser las necesarias para mantener el peso adecuado para usted, en este momento de su vida. Los requerimientos calóricos de una misma persona pueden variar a lo largo de su vida; la edad, actividad, peso, embarazo, coexistencia de enfermedades son algunas de las causas.

En vista de lo anterior, resulta increíble la facilidad con la que algunas personas suelen adoptar dietas de moda, sin saber si son o no apropiadas para ellas.

Por tanto, si desea llevar a cabo un régimen alimenticio "diferente", debe recibir orientación médica adecuada a sus necesidades.

Perder kilos abruptamente y el rebote consecuente, cuando la dieta no fue supervisada, precipita en algunos casos la manifestación de diabetes, entre otros problemas.

Al ajustar su alimentación con el fin de ganar o perder peso corporal, no debe privar a su organismo de otras sustancias nutritivas importantes. Disponga siempre de un desayuno adecuado. Este alimento sirve para romper un largo periodo de ayuno y, a su vez, tiene que mantener las energías hasta el almuerzo o comida. Es durante la mañana cuando la mayoría de las personas realizan la mayor parte del trabajo activo.

Existe mayor riesgo de ganar peso cuando se consumen menos de tres comidas diarias. Se recomienda *nunca* omitir el desayuno, el cual debe ser variado, bajo en grasa y contener azúcares complejos (leguminosas, cereales, harinas). Al parecer, cuando no desayunamos, no logramos durante el resto del día nivelar las cantidades de los diversos nutrientes.

Por otro lado, se ha visto que los niños que no desayunan tienen niveles de colesterol sanguíneo más elevados, que los predisponen a sufrir alteraciones cardiovasculares en su vida adulta, quizá porque la proporción del consumo de grasa en las colaciones del recreo, es muy elevada.

La reducción del consumo de grasa total es muy importante en cualquier programa dirigido a disminuir y controlar el peso corporal. Las recetas de este libro pueden ser aprovechadas por los mayores de doce años de edad.

Grupos de alimentos

Existen 7 grupos de alimentos:

- Carnes, pollo, pescados, mariscos, quesos y huevo
- Grasas y aceites
- Pan, tortilla, cereales, pastas, galletas y almidones
- Leguminosas
- Frutas
- Vegetales del grupo uno
- Vegetales del grupo dos
- Opcionales

Cuando planee su menú de cada día, elija:

- No más de 180 gramos de carne, pescado o aves cada día.
- Alubias, chícharos, lentejas, frijoles y habas, varias veces a la semana; utilizarlas en sustitución del exceso de carne. Son excelente fuente de proteínas y muy económicos.
- Pan o productos de cereales integrales cada día.
- 3 raciones de fruta y 4 raciones de verduras cada día (incluyendo una ración de cítricos y una de hojas verdes), 2 raciones diarias de leche descremada y/o productos lácteos bajos en grasas.
- 1-2 cucharadas de grasas polinsaturadas y mono-insaturadas.

Alimento	*Equivale*
Arroz (medio kilo)	6 tazas de arroz cocido
Berenjena mediana (una), en trocitos	2 tazas
Brócoli (medio kilo)	3 raciones
Carne molida de res (medio kilo)	4 raciones
Ejotes (medio kilo)	3-4 raciones
Espaguetis (medio kilo)	4-6 raciones
Espinacas frescas (medio kilo)	2 raciones
Frijoles (medio kilo)	6-8 raciones
Col cruda (medio kilo)	6-8 raciones
Coliflor (medio kilo)	3-4 raciones
Champiñones frescos (cuarto de kilo)	2-3 raciones
Tallarines (medio kilo)	6-8 raciones
Nabos (medio kilo)	4 raciones
Papas (medio kilo)	4-6 raciones
Queso cottage (medio kilo)	4 raciones
Pescado sin espinas (medio kilo)	2-3 raciones
Pollo mediano (uno)	4 raciones
Res (medio kilo)	2-3 raciones
Tomates (medio kilo)	3 raciones

Ideas

- Nunca vaya de compras con el estómago vacío. El hambre provoca escoger alimentos equivocados.
- Planee sus menús utilizando su dieta personal, y escriba una lista de lo que requiere comprar.
- Usted puede planear sus menús para un mes, uno por cada día.
- Compre productos en oferta solamente si entran en su programa dietético.
- Cuando compre productos nuevos *siempre* revise la lista de ingredientes.
- Seguido encontramos las palabras *lite*, *light* y *lower fat* para designar contenidos bajos en grasas; sin embargo, esas mismas palabras pueden servir para hablar de otros datos como disminución de calorías o un color claro, entre otros, por tanto, hay que revisar bien los ingredientes.
- En su dieta debe seleccionar sólo productos lácteos descremados, sin grasa o bajos en grasa.
- Compre leche fresca y en polvo, yogur y queso cottage descremados o bajos en grasa.
- Utilice yogur bajo en grasa y sin sabor; prepárelo con frutas frescas y naturales. Es un excelente postre.
- Prefiera utilizar el queso parmesano, el Oaxaca y el cottage descremados.
- Cuando requiera carne molida, compre únicamente carne sin nada de grasa; pida que se la muelan. Asegúrese que retiren antes de moler los residuos que

quedan de la molienda anterior. La carne molida que venden en paquete generalmente contiene grandes cantidades de grasa.

- Evite la salchichonería. Sólo se puede utilizar la que contiene 10% de grasa.
- Evite las vísceras porque contienen grandes cantidades de colesterol (hígados, sesos, riñones, mollejas).
- Los pescados tienen bajo contenido en colesterol; procure seleccionarlos en su dieta lo más frecuente posible.
- Los mariscos contienen menos grasa que la carne y el pollo, aunque los camarones y cangrejos tienen un contenido elevado de colesterol, por eso pueden comerse de modo ocasional.
- Para mejorar sus niveles de colesterol, utilice más verduras y menos pollo o carnes en sopas y guisos.
- Combine sus raciones de pasta, arroz, leguminosas y hortalizas con pequeñas cantidades de carne magra, pollo o pescado, para obtener una fuente de proteínas completas con menos grasa y menos calorías.
- Antes de cocinar retire toda la grasa visible de la carne.
- La carne pierde cerca del 25% de su peso durante la cocción. Asegúrese de que la porción indicada en la dieta es la misma que obtiene después de cocinada la carne.
- Una vez horneada la carne le puede retirar el jugo que soltó y refrigerarlo; después retírele la grasa y utilícelo para dar sabor a algún arroz, guiso o sopa.

Otras ideas

- Hágase el hábito de retirar la piel del pollo y toda la grasa antes de exponerlo al calor.
- Cocine las verduras metiéndolas en agua cuando esté hirviendo y retírelas de lo caliente cuando todavía truenen al partirlas. Las verduras recocidas pierden su sabor, presentación y nutrientes importantes.
- Disminuya la grasa en los aderezos de sus ensaladas, utilizando yogur desgrasado.
- Si desea crema ácida, puede utilizar dos cucharadas de leche descremada y una de jugo de limón, con 200 mililitros de queso cottage bajo en grasa; bátalos hasta formar la crema.
- Si desea algún sabor a chocolate puede utilizar cocoa con Aspartame.
- Para hacer crema agria en 5 minutos, mezcle una cucharada de vinagre en una taza de leche evaporada y descremada, sin diluir.
- La mejor manera de lograr el punto de sal adecuado: ponga un poco de sal, revuelva y pruebe; si falta, añada un poco más y vuelva a probar. Si aún así le falta, es mejor esperar de 10 a 15 minutos antes de volver a probar, para que las papilas gustativas se vuelvan a sensibilizar.
- A veces conviene poner una pizca de azúcar en las salsas espesas de tomate y en los aliños de las verduras, para intensificar el sabor.
- Sazonar un alimento significa agregarle ingredientes durante su preparación, para aumentar o mejorar su sabor.

- Siempre que cocine aves, lo primero que debe hacer es retirarles la piel. Después, del interior, los pulmones. Luego debe enjuagar, y si gusta puede ponerles dos o tres cucharadas de jugo de limón, sal y pimienta, y en el interior si se prefiere una ramita de tomillo.

- Los pollos al horno deben asarse a una temperatura constante de 175°C (350°F) y meterse al horno previamente calentado.

- Para comprobar el punto de cocción de los pollos se puede presionar la pierna con los dedos a través de un trapo, para no quemarse; se debe sentir suave, y de ser posible, movilizar la articulación. También se puede picar la parte más gruesa de la pierna con un tenedor, el cual debe entrar fácilmente, y los jugos que broten no deben ser rosados cuando ya se haya cocido.

- Un pollo de kilo y medio requerirá de 60 a 70 minutos en el horno y un pollo de 3 kilos aproximadamente dos horas.

- Cuando guise trate de hacerlo en dos cacerolas, utilice el contenido de una y congele el resto para consumir en días posteriores. Puede sacarla del congelador la noche previa al día que la vaya a utilizar. Esto lo puede hacer con las sopas, y los platos de carne y pollo.

- *No coma lo mismo todos los días*. El secreto de comer bien está en la variedad de cada comida y de todos los días.

- Teniendo gran deseo de apoyar a su familia, estos cuidados en la planeación de los alimentos serán muy importantes para desempeñarse como una verdadera ama de casa.

Consejos

- Emplee usted su dieta para planear un menú agradable y nutritivo.
- Elija frutas y legumbres de la estación, las cuales siempre serán menos caras y más sabrosas.
- Aprenda a brindar a su familia el placer de comer bien y saludablemente, sin gastos excesivos.
- Busque quesos descremados o semidescremados: requesón, cottage, Oaxaca semidescremado; o quesos secos y rallados como el parmesano.
- Utilice claras de huevo en lugar de huevos enteros, para evitar la yema, que es la que tiene un elevado contenido de colesterol. Por ejemplo, en una receta usted puede utilizar tres claras de huevo en lugar de dos huevos enteros; o para su uso diario puede utilizar claras sin yemas.
- Si intenta perder peso aléjese de las bebidas carbonatadas: refrescos embotellados, refrescos de fruta natural, cerveza, vino y alcohol.
- Lo esencial para cocinar de manera adecuada es alejarse de los métodos culinarios que añadan grasas o cuezan los alimentos en su propia grasa; por tanto, sea "dura" a la hora de añadir grasa y sodio a sus guisos.
- Aprenda a macerar las carnes magras con jugo de limón o de tomate, en lugar de utilizar grasas.
- Evite aditivos, conservantes, colorantes y aromatizantes, los cuales abundan en los alimentos en conserva.

- Planee las comidas, para que todos los nutrientes estén presentes de manera equilibrada.
- Es conveniente prescindir de alimentos refinados, como el pan y la harina *blancos*.
- Se deben preferir los alimentos que contengan fibra, como los integrales, ya que estos contienen varios nutrientes y favorecen el tránsito de alimentos durante la digestión.
- Se debe evitar comprar la carne que tiene grasa; y se debe separar el exceso de la misma, antes de ponerla en cocimiento.
- Una ración de pollo de la comida del mediodía equivale a un muslo mediano con su pierna o media pechuga mediana, sin piel, y si es necesario con un ala. Estas raciones son para una persona que no tiene restricciones de proteínas animales.
- Las proteínas animales, es decir, las del pescado, pollo y carne, se alteran cuando se descongelan y nuevamente se vuelven a congelar.
- Todas las aves se descomponen; por tanto, si se desean congelar para tener comida varios días, los productos se deben comprar antes de que sean expuestas al frío, recién preparadas para su venta.
- Hay que aprender a distinguir entre los diferentes tipos de grasa y no tomar en cuenta solamente la cantidad de grasa.
- Los quesos están considerados alimentos de alto contenido proteico y pueden ser sustitutos de las carnes.
- Las aceitunas y los aguacates contienen ácidos grasos insaturados.

- Las frutas, leguminosas, granos y verduras no contienen colesterol, y tienden a tener poca grasa, y la mayoría contiene un alto contenido en fibras y vitaminas.
- Cheque siempre los ingredientes de los alimentos procesados para verificar las grasas que se les han agregado; en el caso de las pastas y los panes muchas veces se utilizan las yemas de los huevos. También la mayoría de este tipo de alimentos contienen gran cantidad de sodio (sal).
- Las nueces y las semillas no contienen colesterol, pero sí elevadas concentraciones de grasas, en su mayoría insaturadas; también contienen proteínas similares a las de las carnes.

Conviene recordar que:

- El pato y el ganso tienen más grasa que otras aves.
- Los cortes magros del cordero son la pata, la paletilla y el lomo.
- Las carnes rojas pueden comerse sólo si no contienen más del 10% de grasa.
- Los camarones y el cangrejo tienen poco contenido de grasa, pero contienen más sodio y colesterol que las aves, carnes y pescados; sin embargo, si se tiene cuidado de no rebasar los 300 mg de colesterol al día se pueden comer una o dos veces al mes.
- El pescado es bajo en sodio y contiene menos grasas saturadas que las carnes rojas. La mayoría de los pescados contienen menos colesterol que la carne; por tanto, son más aconsejables que las carnes rojas, y se recomienda su ingesta lo más frecuente posible, aun más de tres veces a la semana.
- Algunos pescados tienen elevados los ácidos grasos Omega-3: salmón, atún, pescados de agua dulce y trucha.
- Si un producto *no* contiene ingredientes de origen animal, no contiene colesterol; pero puede contener grasas saturadas. Tres fuentes de origen vegetal contienen grandes cantidades de grasas saturadas: el aceite de coco, el aceite de palma y el chocolate.
- La grasa a veces está en lugares donde no se sospecha, como en el chocolate y en ciertos tipos de salsas, aliños, sazonadores de alimentos, o bebidas a base

29

de leche; este tipo de alimentos también pueden tener elevado contenido de sal y calorías. Lea las etiquetas.

- *Se recomienda un consumo de 300 mg de colesterol al día.* Una yema de huevo contiene alrededor de 220 mg de colesterol, por eso casi no la incluyo en mis recetas.

- Al calentar un alimento, modificamos su forma, color, consistencia, sabor, y quizá todo esto sea consecuencia de las alteraciones químicas que ocurren en los ingredientes de dichos alimentos al ser expuestos al calor. Por eso es tan importante *no* calentar los aceites previamente ni las grasas permitidas (maíz, oliva, mantequillas, etcétera).

- Aumentar los hidratos de carbono complejos es la mejor manera de remplazar los porcentajes de grasa que se pretenden eliminar.

- **Las féculas son hidratos de carbono complejos, digeribles, y de las cuales se ha pensado de manera errónea que contienen más calorías; pero *no* es así; son además rica fuente de vitaminas y minerales.**

- Puede elevar su nivel de colesterol sanguíneo cuando usted ingiere más calorías de las que su cuerpo quema, y esto lo hará ganar peso.

También conviene recordar:

- Los alimentos que contienen ácidos grasos saturados suelen contener también colesterol. La mayoría del colesterol es sintetizado en el organismo; el colesterol que se obtiene de la dieta puede ser importante en la formación de la placa arteroesclerótica.

- **Los ácidos grasos varían en longitud. Entre los más importantes se encuentra el ácido esteárico, el cual se convierte fácilmente en ácido oleico (aceite de oliva); este ácido no induce hipercolesterolemia; la mantequilla es un alimento rico en ácido esteárico.**

- Los aceites vegetales hidrogenados y las grasas sólidas vegetales se han endurecido artificialmente para producir margarinas y mantecas: *tienden a aumentar el colesterol sérico*, dependiendo de la medida en que hayan sido hidrogenados.

En la cocina

Si compra todas las verduras una vez a la semana, le permitirá:

- Planear su menú de cada día, en vez de utilizar únicamente lo que se encuentre.
- Controlar grasa, colesterol y calorías que toma.
- Limpiarlas y guardarlas en un recipiente de plástico con tapa hermética en el refrigerador, e ir utilizándolas según las requiera, frescas o crujientes.
- Aliviar las tareas de la cocina para el resto de la semana.
- Comerlas todos los días.
- Prepararlas de forma diversa y deliciosa.
- Realizar platillos rápidos con un aliño hecho por usted en cinco o diez minutos.
- Utilizarlas en la cena, junto con un queso bajo en grasa, una buena sopa y una fruta.

De todos los alimentos, las verduras son las que más delatan el mal trato de las malas cocineras.

Reglas:

- Nunca remoje las verduras en agua fría antes de cocerlas, excepto la col, y a veces las papas.
- Prepare sus verduras pelándolas y rebanándolas inmediatamente antes de emplearlas.

- Es mejor cocer las verduras enteras o en trozos grandes para conservar los elementos nutritivos, y agregar la sal cuando va a servirlas.
- Nunca deje que se pasen de cocción; cuando hierva a borbotones el agua, añada poco a poco las verduras y déjelas a fuego alto para que vuelvan a soltar el hervor rápidamente, esto servirá para conservar su color. *El tiempo que requieren de cocción*: Si se ponen enteras, de 8 a 10 minutos cuando mucho; y si están picadas, de 3 a 4 minutos. Si quiere refrescarlas, métalas en agua helada; revuélvalas, sáquelas y refrigérelas. Para recalentarlas, póngalas en una cacerola y viértales encima agua hirviendo, deje que hiervan por medio minuto; cuélelas y sírvalas.
- Los betabeles, papas, cebollas y calabacitas pueden hornearse; no las pele, únicamente ráspelas, póngales sal y cúbralas con papel aluminio, horneando a 190°C (una hora).

Manejo de hojas:

- Las hojas, como las de la lechuga romanita, escarola, berros o espinacas, siempre se deben enjuagar en trastos que contengan mucha agua, luego sacarlas de éstos y después tirar el agua del trasto y volver a enjuagarlas de la misma forma para que no quede ninguna partícula de tierra. También pueden agregarse al final de la limpieza unas gotitas de yodo y dejarlas un rato, enjuagando después con agua hervida o filtrada.
- Se escurren perfectamente, se colocan en un lienzo, formando una especie de bolsa en la que se puedan

sacudir, y se meten las hojas en el refrigerador, en un trasto de cristal o en una caja de plástico hasta el momento de servir, o bien puede descansar el recipiente sobre hielo.

- Las hojas de la lechuga siempre deben desprenderse con los dedos y sólo se cortarán con el cuchillo cuando requieran picarse, para que sirvan de base para aguacates rellenos, tomates, etcétera.

Para asar pimientos:

- Los pimientos se lavan, se secan y se colocan en una parrilla como a unos 10 centímetros sobre la flama mediana y se dejan 10 minutos o hasta que estén bien asados. Se voltean con frecuencia para impedir que se quemen. Se envuelven en un lienzo húmedo y se dejan por un rato; se les quita la piel, las semillas y lo blanco de adentro. Si se desea, se pueden cubrir con aceite de oliva, vinagre, sal y pimienta, y dejarse en el refrigerador hasta que se utilicen.

Ajonjolí:

- El ajonjolí es una grasa polinsaturada, muy valiosa. Se puede agregar en algunos platillos de pollo, pescado, verduras, purés, ensaladas o pasta italiana, como sustituto de pan rallado y/o mantequilla que se le suele poner.

Hierbabuena:

• Utilice la hierbabuena en salsas, verduras, jaleas, frutas, bebidas, té, y en ciertos postres. Es fácil de cultivar en el jardín. Se puede utilizar cuando se hierven chícharos o papas; en las ensaladas de frutas y en el puré de manzana; cuando hierva col o para aderezar ensaladas con aceite de oliva y vinagre.

Ramito sencillo de hierbas aromáticas:

Espolvoree una pizca de tomillo desmenuzado sobre unos tallos de apio semiseco, añada una hoja de laurel y métalo todo en una bolsita de manta de cielo; introduzca la bolsita bien cerrada en el guiso que se esté realizando. El ramito también se puede hacer con: perejil, tomillo y laurel, una o dos zanahorias, un pedazo de puerro o cebolla y hojas de apio.

Algo acerca del pescado

El pescado es uno de los alimentos más antiguos utilizados por el hombre. Contiene proteínas completas que lo hacen intercambiable con la carne. Es muy saludable, de fácil digestión y se prepara rápidamente. Contiene poco colesterol y muchas proteínas. Al adquirirlo, además de prestar atención de que no haya sido descongelado y vuelto a congelar, deberá fijarse que su piel sea tersa, las agallas rojas, las escamas bien adheridas y los ojos brillantes, claros y llenos; si están nublados y sumidos, el pescado no está fresco. Si se presiona con los dedos y la carne no se sume, quiere decir que está fresco. Además, su olor debe ser de pescado fresco. Si se compra congelado y contiene mucho líquido es que ya fue descongelado; por tanto, debe comprarse duro y bien ajustado al paquete.

Algunos pescados tienen la carne un poco más dura, lo cual habla de que están más frescos. Cuando compre pescado fresco procure conservarlo a bajas temperaturas; si se va a utilizar en las siguientes 24-48 horas se podrá dejar en el refrigerador, pero si se piensa utilizar después de este tiempo es conveniente meterlo a congelar en paquetes separados, de tal manera que sólo se descongele el que se vaya a ocupar el mismo día. La mejor manera de descongelar el pescado es pasarlo del congelador al refrigerador. Cuando esté lo suficientemente flexible, pero no demasiado blando, es cuando se utiliza.

Descongelar medio kilo de filetes de pescado en el refrigerador lleva de 8-10 horas. Antes de utilizarlo enjuáguelo rápido con agua muy fría con un poco de sal. Nunca deje que el pescado se remoje demasiado tiempo.

Para secar los filetes de pescado fresco o los descongelados, envuélvalos en un lienzo unos 10 minutos, y páselos por harina.

Cuando quiera cocer pescado debe envolverlo en una manta de cielo, de modo que sobresalga ésta por los extremos, para que el pescado pueda sacarse del líquido con facilidad. El líquido nunca debe hervir a borbotones, sino a fuego medio.

El agua donde se hierve el pescado debe prepararse antes con: cebolla, zanahorias, hierbas de olor, un chorro de vinagre, sal, pimienta y suficiente agua para cubrir por completo el pescado; déjelo hervir destapado, a fuego medio, y calcule 7 minutos por cada medio kilo de pescado. Cuando el pescado ya esté cocido, sáquelo del líquido y vacíelo en un platón para después vertirle cierta cantidad del caldo donde se coció. Mientras más veces se utilice, en lugar de otras proteínas animales, mejor.

Si decide comer en un restaurante:

- Tome su tiempo para estudiar el menú antes de que se acerque el mesero, y así evitará tomar decisiones inadecuadas.
- Cuando no esté familiarizado con un platillo, pida explicación al mesero acerca de los ingredientes y métodos de preparación.
- Si encuentra imposible pedir algo del menú sin echar a perder su dieta, pida un plato de verduras con el aliño aparte.
- Elija el plato fuerte a la parrilla, al horno, al vapor o estofado, pero *no frito*.
- Pida acompañamientos de verduras, en vez de papas fritas; y las ensaladas *sin* mayonesa.

Evite del menú:

- Sopas cremosas y postres hechos con leche de coco.
- Alimentos fritos, como pollo, carne o pescados.
- Todo lo frito, lo capeado, y lo empanizado en el caso de estar frito.
- Salsas de carne, bearmesa, holandesa.
- Para el desayuno: huevos, salchichas, pan horneado con grasa, papas fritas, tocino, etcétera.
- Alimentos preparados con grasa, leche entera, huevos.
- Platillos gratinados.

Elija del menú:

- Fruta fresca como postre.
- Productos lácteos descremados, carnes magras, aves sin piel, filete mignon, verduras del tiempo.
- Filete de pechuga de pollo o de pescado; verduras al vapor.
- Salsas de jugo de limón o vinagretas ligeras.
- Para las pastas: salsas sin carne, sin crema; de preferencia con verduras.
- Para el desayuno es mejor medio emparedado o uno entero de pollo, queso fresco o jamón.
- Abundantes verduras frescas, con alubias y/o atún. También añada limón con aceite y vinagre, en vez de los aliños en botella.
- Si se come una papa al horno, sólo le podrá añadir yogur descremado.
- Si solicita carnes rojas o de pollo, pida que le retiren toda la grasa visible antes de cocinarla.
- Verduras al vapor, sin grasa.
- Pescado: empapelado, envuelto en aluminio, a la plancha, todo con tomate; siempre con métodos bajos en grasa.
- Alimentos altos en fibra.
- Aliños de yogur descremado; vinagretas con aceite de oliva.
- Tortillas de maíz, sin freír.
- Pastas sin carne ni grasa.
- Empiece su comida con una sopa: alubias, verduras, arroz, fideos, minestrone, gazpacho.
- Un vaso de jugo de jitomate natural.

Aderezos y salsas

SALSA DE CHILE PASILLA

Ingredientes:
  5 chiles pasilla
  8 tomates verdes
  1 diente de ajo
  1 taza de queso panela, descremado y desmoronado

Preparación: Los chiles se tuestan, se desvenan y se remojan en agua caliente; los tomates se pelan y se asan. Se licuan: tomates, ajo, chiles y un poco de agua de éstos y se pone a hervir la mezcla durante 10 minutos a fuego lento. Se sazona con sal. Al momento de servir se espolvorea el queso. Puede acompañar la carne asada.

SALSA DE GUAJILLO

Ingredientes:
  2 jitomates asados
  5 chiles guajillos, secos y asados
  1 diente de ajo
  Un pedacito de cebolla
  Sal

Preparación: Se licua todo. Deliciosa para acompañar carne o pollo.

SUSTITUTO DE CREMA ÁCIDA

Ingredientes:
2 cucharadas de leche descremada
1 cucharada de jugo de limón
1 taza de queso cottage

Preparación: Mezcle todo en la licuadora.

SALSA DE PIÑÓN

Ingredientes:
50 gramos de piñones pelados
5 alcaparras
1 anchoa
4 aceitunas negras
1 diente de ajo
4 cucharadas de aceite de oliva
2 cucharadas de pan molido
Un chorrito de vinagre de vino
Medio manojo de perejil
Sal y pimienta

Preparación: Se machaca el perejil y el ajo, y en seguida se van añadiendo los demás ingredientes y se sigue machacando. Al final se le revuelve el vinagre y el aceite de oliva. Es excelente para acompañar un filete de pescado.

ADEREZO

Ingredientes:
  1 aguacate
  1 taza de yogur
  1/2 cucharadita de ajo picadito
  Sal y pimienta

Preparación: Licue los ingredientes y mezcle con la ensalada deseada.

ADEREZO DE PEREJIL

Ingredientes:
  3/4 de taza de perejil picadito
  Media taza de aceitunas verdes, picaditas
  6 alcaparras picaditas
  1 diente de ajo grande y picadito
  1 huevo cocido pelado y picadito
  1 cucharada de aceite de oliva
  1 cucharada de vinagre de yema
  Sal y pimienta

Preparación: Se mezcla todo. Este aderezo es delicioso para bañar cualquier pescado asado.

ADEREZO PARA LECHUGA

Ingredientes:
   2 *huevos cocidos, pelados y picaditos*
   1 *cucharadita de cebolla molida*
   1 *diente de ajo, molido*
   1 *cucharada de vinagre de vino*
   1 *cucharada de aceite de oliva*
   Sal y pimienta

Preparación: Se mezclan todos los ingredientes, y se sirven sobre lechuga romanita, deshojada y limpia.

Ensaladas

ENSALADA DE HORTALIZAS

Ingredientes:
   2 pepinos en rajas, bien tiernos
   2 jitomates en trozos, sin semilla
   1 lechuga romanita, deshojada
   6 cebollines con todo y cola, bien picados
   1 aguacate en rebanadas
   1 ramo de berros bien lavados
   1 manojo de hierbabuena, deshojada y limpia
   12 rabanitos tiernos y limpios
   2 cucharadas de aceite de oliva
   El jugo de un limón
   Sal de ajo

Preparación: Se revuelve todo y se baña con una cucharada de aceite de oliva. Se mete a enfriar, y cuando se va a comer se le agrega sal de ajo, el jugo de un limón y otra cucharada de aceite de oliva, y se revuelve muy bien.

ENSALADA DE COL CON TOMATE

Ingredientes:
   1 col tierna, en rebanadas muy finas
   3 cucharadas de cebolla picadita
   2 tomates en rebanadas
   3 dientes de ajos machacados
   Las hojas de un manojo de hierbabuena limpias, machacadas
      con sal
   El jugo de 2 limones
   2 cucharadas de aceite de oliva crudo

Preparación: Todo se revuelve muy bien, poniendo las rebanadas de tomate encima, y se sirve muy frío.

49

ENSALADA MULTICOLOR

Ingredientes:
   2 *pimientos rojos, asados, limpios y picados*
   2 *tazas de granos de elote tierno y cocido*
   1 *taza de arroz blanco, cocido*
   1 *cucharadita de mostaza*
   1 *taza de jamón cocido y picadito*
   3 *cucharadas de aceite de oliva*
   2 *cucharadas de vinagre de manzana*
   Sal y pimienta

Preparación: Se revuelven todos los ingredientes. Se sirve fría.

COTTAGE CON CALABACITAS

Ingredientes:
   6 *calabacitas tiernas, en ruedas delgaditas*
   1/2 *cebolla picadita*
   2 *cucharadas de perejil picado*
   1/2 *taza de yogur sin sabor (natural)*
   1 *taza de queso cottage*

Preparación: Revuelva todo y sírvala fría.

HOJAS CON QUESO

Ingredientes:
   1 manojo de berros limpios
   10 hojas de lechuga romanita
   1/2 taza de queso panela bajo en grasa, en cuadritos
   1/2 taza de yogur sin sabor
   El jugo de un limón
   Una pizca de sal

Preparación: Se revuelven todos los ingredientes y se sirve en frío.

BRISQUETA

Ingredientes:
   3 teleras en rebanadas (como bolillos)
   1 jitomate de bola, en rebanadas de 1 cm
   Albahaca fresca y picada
   Aceite de oliva
   1 diente de ajo

Preparación: Se tuestan en el horno las rebanadas de pan. Cada rebanada se frota por una de sus caras con la mitad de un diente de ajo, cuando todavía están calientes. Sobre cada tajada de pan se coloca una rebanada de jitomate, se rocían con la albahaca y el aceite de oliva. Si no se tiene albahaca se puede poner hierbabuena fresca.

ENSALADA VERDE

Ingredientes:
  1 kilo de habas verdes, tiernitas y sin cáscara
  2 cucharadas de cebolla picadita
  2 cucharadas de perejil picado
  1 manojo de berros
  1 taza de chícharos verdes, cocidos
  1 taza de apio pelado, en trocitos

Preparación: Las habas ya peladas de sus 2 cáscaras, se meten en agua hirviendo y se dejan hervir de 5 a 10 minutos; se escurre. Los berros se lavan y se desinfectan. Se ponen todos los ingredientes en una ensaladera, excepto los berros. Se refrigera por 3 horas, al cabo de los cuales se añaden los berros y se sirve.

ENSALADA DE ESCAROLA

Ingredientes:
  Unas hojas tiernas de escarola, limpias
  2 pepinos verdes, tiernos, pelados, sin semilla y en trocitos
  Los gajos de una naranja
  El jugo de un limón
  Una pizca de sal
  1 cucharada de aceite de oliva

Preparación: Se mezcla todo, se refrigera 1 hora y se sirve inmediatamente.

ENSALADA DE PAPA

Ingredientes:
  1 taza de alubias grandes, cocidas y frías
  1 taza de papas cocidas, en trocitos
  2 cucharadas de albahaca picadita
  2 cucharadas de aceite de oliva
  Un chorro de vinagre
  1 cucharada de cebolla picadita
  Sal y pimienta

Preparación: Se revuelve todo y se sirve en frío.

ENSALADA CRIOLLA

Ingredientes:
  1 manojo de berros
  4 cebollines limpios, cortados en cuatro
  1 pimiento verde, limpio y cortado en rajas
  1 lechuga romanita, chica y deshojada
  2 dientes de ajo finamente picados
  El jugo de dos limones
  4 cucharadas de aceite de oliva
  Sal

Preparación: Se pone una hora en el refrigerador toda la verdura revuelta con el aceite de oliva, y ya para servir se agrega limón y sal.

ENSALADA DE MANZANA

Ingredientes:
   1 taza de nueces picaditas
   6 manzanas rojas, peladas y rebanadas
   1 lechuga romanita, deshojada, lavada y desinfectada
   2 tazas de queso cottage
   1 lata de leche evaporada, descremada
   2 cucharadas de aceite de oliva
   2 cucharadas de mostaza
   1/2 cucharadita de azúcar
   2 tazas de apio picadito
   El jugo de un limón
   Sal y pimienta

Preparación: Se revuelve muy bien el jugo de limón con el aceite de oliva, la sal, la pimienta, la mostaza y el azúcar. Después se agrega el apio y la nuez, y todo se revuelve con la manzana.

Las hojas de lechuga, previamente enfriadas sobre hielo, se colocan en un platón, y encima de ellas se vierten porciones de manzana preparada y se bañan con el queso revuelto con leche, sal y pimienta. Se sirve fría.

ENSALADA SUPREMA

Ingredientes:
  4 *papas grandes, cocidas, peladas y picadas*
  1 *y 1/2 taza de jamón en pedacitos*
  2 *pimientos rojos, asados y limpios, en cuadritos*
  5 *claras de huevos cocidos, picadas*
  Una pizca de orégano molido
  1 *cebolla picada*
  2 *cucharadas de vinagre de yema*
  1 *cucharada de mantequilla*
  4 *cucharadas de aceite de oliva*
  Sal y pimienta

Preparación: En una ensaladera se revuelven todos los ingredientes y se deja reposar una hora antes de servirse.

ENSALADA DE PIMIENTOS ROJOS

Ingredientes:
  5 *pimientos rojos, asados y limpios, en rajas*
  1/3 *de cucharadita de orégano molido*
  2 *cucharadas de cebolla picadita*
  1 *taza de queso panela, descremado y desmoronado*
  3 *cucharadas de aceite de oliva*
  El jugo de un limón
  Sal y pimienta

Preparación: Se mezclan todos los ingredientes en una ensaladera, excepto el queso. Se deja reposar 3 horas. Cuando se sirve se le agrega el queso.

ENSALADA DE EJOTES

Ingredientes:

 1/2 kilo de ejotes verdes, tiernos
 1 cebolla mediana, en rebanadas
 1 cucharada de aceite de oliva
 Una pizca de orégano en polvo
 1 jitomate de bola, rebanado
 El jugo de un limón

Preparación: Los ejotes, cuando están tiernos, deben de tronar al ser partidos. Enjuáguelos y quíteles los extremos y los hilos; póngalos en agua a hervir de 6 a 8 minutos, hasta que se cuezan. Escúrralos bien y refrigérelos. Cuando vaya a servirlos, revuélvales aceite de oliva y limón, orégano, sal y pimienta; junto con cebolla y rebanadas de jitomate frías.

ENSALADA DE ESPINACAS

Ingredientes:

 1/2 kilo de espinacas frescas
 2 pepinos tiernos, sin el centro, en cuadritos
 1 taza de apio en tiritas
 1 taza de perejil picado
 8 aceitunas verdes y 8 negras, picadas
 2 cucharadas de aceite de oliva
 1 pizca de orégano
 Un chorro de vinagre de yema

Preparación: Lave las espinacas y escúrralas muy bien. Quite los tallos y corte las hojas en trozos grandes. Refrigere todos los ingredientes sin el vinagre; éste se añade cuando se sirve, revolviendo muy bien.

PEPINOS CON YOGUR

Ingredientes:
   4 pepinos verdes, delgados y duros, sin semilla, en rebanadas
   1/2 taza de yogur
   1 diente de ajo machacado
   1 manojo de hierbabuena fresca (utilizar sólo las hojas
      machacadas)
   Sal

Preparación: Los pepinos bien fríos se revuelven con sal, ajo y hierbabuena y se les pone encima el yogur a la hora de servirlos.

ENSALADA SICILIANA

Ingredientes:
   1 pimiento rojo, 1 verde y 1 amarillo, asados y desvenados,
      en rajas
   2 berenjenas rebanadas
   6 jitomates guajillos, pelados y sin semilla
   Aceite de oliva
   Un chorro de vinagre de manzana
   Sal y pimienta

Preparación: A las berenjenas se les añade sal y se dejan escurrir una hora. Los jitomates se parten a lo largo y se colocan en una plancha; junto se colocan las rebanadas de las berenjenas, se dejan asar, cuidando que no se quemen.

Se revuelven los jitomates, las berenjenas y los pimientos con el aceite de oliva, un chorro de vinagre de manzana, sal y pimienta.

ENSALADA MIXTA

Ingredientes:

3 pepinos tiernos de cáscara verde, pelados y sin semillas
12 rabanitos muy tiernos y limpios
1 taza de apio picado
1/2 cebolla morada, en rebanadas delgaditas
12 aceitunas negras
4 cucharadas de aceite de oliva
El jugo de un limón
Sal

Preparación: Se revuelve todo y se le agrega el limón, justo antes de servirse; debe estar bien fría.

ENSALADA DE GARBANZOS

Ingredientes:

350 gramos de garbanzos cocidos
250 gramos de jitomate rebanado
4 tazas de espinacas frescas y lavadas
1 taza de ramitos de coliflor
1 taza de champiñones rebanados
1 pepino rebanado
1/2 cebolla morada, en rodajas
1/2 taza de nueces picadas

Aderezo:

1 aguacate
  mediano
1 taza de yogur
1/2 cucharadita
  de ajo picadito
Sal y pimienta

Preparación: Licue los ingredientes del aderezo. Después, mezcle éste con los demás componentes en una ensaladera. Enfríe y sirva durante los siguientes 15 minutos.

ENSALADA DE BRUSELAS

Ingredientes:
   2 tazas de coles de Bruselas, crudas y finamente ralladas
   4 jitomates pequeños, pelados, rebanados y sin semilla
   12 aceitunas
   1 cucharada de aceite de oliva
   Sal y limón

Preparación: Se mezcla todo y se sirve fría.

ENSALADA DE ARROZ

Ingredientes:
   2 tazas de arroz blanco y cocido, sin que se desbarate; poroso
   1 lata de atún desbaratado
   1/4 de apio pelado y en rajitas
   4 cucharadas de aceite de oliva
   5 claras picadas
   2 cucharadas de cebolla picada
   1 cucharada de mostaza
   6 rábanos tiernos, en rajitas
   2 manzanas peladas y picadas
   El jugo de 2 limones chicos
   1 cucharada de vinagre de manzana
   1/2 taza de chícharos cocidos
   Sal y pimienta

Preparación: En una ensaladera se revuelven todos los ingredientes con cuidado de no batirlos. Se sirve en frío.

ENSALADA DE ALUBIAS

Ingredientes:

   1/4 de kilo de alubias cocidas (con un diente de ajo)
   3 cucharadas de perejil picado
   3 cucharadas de cebolla picadita
   1 taza de jamón cocido y picado
   Aceite de oliva
   Vinagre de manzana
   Sal y pimienta

Preparación: Se revuelven las alubias frías, con un poco del caldo donde se cocieron, con todos los ingredientes y se deja en el refrigerador 3 horas. Se sirve fría.

ENSALADA DE COLIFLOR

Ingredientes:

   1 coliflor mediana
   2 cucharadas de cebolla picadita
   2 cucharadas de perejil picadito
   1/2 cucharadita de orégano molido
   2 cucharadas de aceite de oliva
   2 cucharadas de vinagre de manzana
   Sal y pimienta

Preparación: Se separa la coliflor en ramitos, y después se mete en agua hirviendo con sal, hasta que se cueza. Se escurre y se revuelve con los demás ingredientes. Se refrigera 3 horas antes de servirla.

Sopas

SOPA JARDINERA

Ingredientes:

4 zanahorias peladas,
en cuadritos

1 puerro rebanado, delgadito

1/2 taza de apio picadito

2 papas medianas, peladas
y en cuadritos

1/2 taza de acelgas picaditas

1/2 taza de col picadita

2 litros de caldo de pollo,
desgrasado

1 cucharada de maicena

Un pedazo de cebolla molida

1 diente de ajo molido

2 jitomates molidos y colados

1 cucharada de aceite de maíz

Sal y pimienta

Preparación: En una cacerola, con media cucharada de aceite de maíz, se ponen las verduras picadas; cuando están transparentes se añade maicena, moviendo; y luego jitomate, cebolla y ajo. Se deja unos 5 minutos; agregue sal, pimienta y caldo hirviendo. Tape y deje hervir hasta que se cueza (de 10 a 15 minutos).

SOPA MEXICANA

Ingredientes:

1 litro de caldo de pollo, desgrasado

Las claras de 3 huevos cocidos (sin la yema), picadas

3 cucharadas de cilantro picadito

2 chiles jalapeños frescos, sin el centro y picaditos

2 aguacates picados

Sal y pimienta

Preparación: Todos los ingredientes se ponen en una sopera y se les vacía encima el caldo hirviendo.

CALDO VEGETAL

Ingredientes:

1 1/2 taza de apio picado
1/2 taza de perejil picado
1 1/2 taza de hojas de espinacas
1/4 de taza de cebollines picados, con todo y rabo
1 taza de zanahorias picadas
2 tazas de lechuga picada
Litro y 1/2 de agua
Sal y pimienta

Preparación: En una cacerola ponga a cocer a fuego lento todos los ingredientes 25 minutos. Cuele el caldo, machacando bien las verduras, y sírvalo si quiere como consomé. Le puede añadir berros picados encima o utilizarlo para guisar arroz o cuando se requiere en algunos guisos.

SOPA REAL

Ingredientes:

1 litro de caldo de pollo, desgrasado
2 puerros
3 zanahorias
2 nabos
1 cebolla pequeña
1 diente de ajo
1 tronco de apio pequeño
6 claras de huevos cocidos
1/2 limón
1/2 taza de perejil picadito
Sal y pimienta

Preparación: Toda la verdura en rebanadas se pone en una cacerola con sal y pimienta a fuego medio, por 10 minutos, y se le agrega el caldo de pollo hirviendo. Se deja cocer 10 minutos más, se apaga, se exprime el limón y se agrega también el perejil y las claras de huevo picadas.

SOPA DE HOJAS

Ingredientes:
   1 litro de caldo de pollo, desgrasado
   1 lechuga romanita, pequeña
   1 manojo de berros
   1 manojo de espinacas
   1 manojo de acelgas
   1/2 cebolla picadita

Preparación: En una cacerola se pone 10 minutos a la lumbre toda la verdura picada en trozos medianos, y se le agrega el caldo de pollo hirviendo. Se deja que suelte el hervor y se apaga.

SOPA DE PESCADO

Ingredientes:
   2 ventrechas de pescado fresco   3 dientes de ajos
   1/2 cebolla picada   Sal y pimienta
   1 ramo de perejil
   1 chile jalapeño

Preparación: Se cuecen las ventrechas del pescado, después de limpiarlas, en poca agua. Se separa la carne de pescado y se desmenuza. Y en una sartén antiadherente se dora cebolla, ajo y perejil, todo bien picado. En una cacerola se vacían los ingredientes de la sartén y el pescado, junto con el caldo que soltaron las ventrechas. Se agrega sal, pimienta y chile jalapeño. A los pocos minutos se apaga y se sirve.

SOPA DE ELOTES

Ingredientes:

2 tazas de granos de elote,
previamente cocidos en caldo

1/2 cebolla picada

1/2 cucharada de aceite
de maíz

1 taza de leche descremada

2 tazas de caldo de pollo,
desgrasado

1 pimiento verde,
en cuadritos

1 cucharada de harina

Sal y pimienta

Preparación: En una cacerola, con media cucharada de aceite de maíz, se pone la cebolla, y cuando esté transparente en seguida se agrega 1 cucharada de harina y se mueve constantemente para que no se pegue; se añaden la leche y el caldo, y se sigue moviendo hasta que suelte el hervor; entonces se agregan los granos de elote, pimiento, sal y pimienta. Se deja a fuego lento unos 10 minutos y se sirve un poco fría. Si se quiere se le pueden rociar unas gotas de limón cuando se sirve.

CALDO VERDE

Ingredientes:

150 gramos de lentejas

1 taza de habas, sin las dos cáscaras

1 taza de ejotes limpios y partidos

1 taza de chícharos verdes

1 litro de caldo de pollo, desgrasado

Sal y pimienta

Preparación: Se pone a cocer todo junto. Puede servirse así o licuarse y colarse y poner de nuevo al fuego a que suelte el hervor.

SOPA CAMPESINA

Ingredientes:

2 litros de caldo de pollo,
   desgrasado
1 taza de espagueti cocido
1 taza de ejotes limpios, en trozos
1/2 taza de chícharos verdes,
   cocidos
1 zanahoria pelada y picada

1 nabo pelado y picado
2 calabacitas tiernas,
   en cuadritos
1 cebolla y 2 jitomates
   licuados y colados
1 rama de cilantro
Sal y pimienta

Preparación: Se ponen a hervir el jitomate y la cebolla licuados, y cuando ésta espesa se le agregan las verduras y el cilantro. Al empezar a resecarse se añade el caldo, la sal y la pimienta. Se tapa y se baja el fuego. A los 10 minutos se agrega el espagueti cocido. Se deja que suelte el hervor y se apaga.

CONSOMÉ JULIETA

Ingredientes:

1 litro de caldo de pollo, desgrasado
1 kilo de chícharos verdes, cocidos
1 puñado de ejotes cocidos, en trocitos
1 puñado de colecitas de Bruselas, cocidas
2 claras de huevos cocidos

Preparación: Con los chícharos se hace un puré que se va aflojando con caldo y se pone a hervir cinco minutos. En la sopera se ponen las claras picadas y las verduras, y sobre eso se vierte el caldo de los chícharos hirviendo.

SOPA A LA FRANCESA

Ingredientes:

1/2 kilo de papas ralladas
1 taza de jamón cocido y picado
1 taza de chícharos cocidos
2 cucharadas de cebolla picadita

1/2 cucharada de maicena
2 litros de caldo de pollo,
   desgrasado
1 cucharada de aceite de maíz
Sal y pimienta

Preparación: En una cacerola, con una cucharada de aceite de maíz, se dora la cebolla con la harina; se le agrega la papa rallada con un poquito de caldo. Se deja hervir 5 minutos y se vacía en el resto del caldo hirviendo. Se le agregan el jamón y los chícharos. Cuando suelta el hervor, se apaga.

SOPA DE PEREJIL

Ingredientes:

1 pechuga sin piel,
   cocida y picadita
2 litros de caldo de pollo,
   desgrasado
3 dientes de ajo, pelados
1 cucharada de harina

3 papas medianas,
   peladas y en cuadritos
1 manojo de perejil
1 cucharada de aceite
   de maíz
Sal y pimienta

Preparación: En una cacerola, con media cucharada de aceite de maíz, se ponen las papas a dorar y se añade la harina, el ajo y el perejil licuado, sin colar, y se dejan unos minutos en la lumbre, antes de añadir el caldo hirviendo y la pechuga de pollo picada. Se agrega sal y pimienta y se deja hervir a fuego alto por unos minutos más.

SOPA DE PUERRO

Ingredientes:

2 puerros muy delgados
3 papas peladas, en cuadritos
2 cucharadas de cebada perla
1 cucharada de aceite de maíz

Litro y 1/2 de caldo de
   pollo, desgrasado
Sal y pimienta

Preparación: En una cacerola, con media cucharada de aceite de maíz, se pone el puerro, la papa y la cebada (previamente remojada en un poco de agua fría). Ya que está transparente se agrega la sal y la pimienta y el caldo hirviendo. A fuego lento y tapado se deja hervir hasta que se cueza.

SOPA DE CHOCLO

Ingredientes:

1 1/2 taza de elotes
   desgranados, tiernos y cocidos
2 pechugas de pollo sin piel,
   cocidas y picadas en pedacitos
1 cucharada de maicena
1 cucharada de cebolla picadita
5 cucharadas de pimientos
   verdes, picaditos

Queso parmesano
8 aceitunas deshuesadas,
   picaditas
2 litros de caldo de pollo,
   desgrasado
1 chile poblano en rajas
1 rama de epazote
1 cucharada de aceite de maíz
Sal y pimienta

Preparación: Se guarda el agua en la que se coció el elote. En una cacerola, con media cucharada de aceite de maíz, se pone cebolla, pimiento y chile poblano. Se mueve y se agrega poco después la maicena, sin dejar de mover. Se agregan los elotes, el caldo de pollo, el agua donde se coció el elote, sal, pimienta, y se deja hervir a fuego lento de 5 a 10 minutos. Se añade el pollo y se deja hervir otros 5 minutos más. Al momento de servir se le espolvorea queso parmesano.

SOPA COLADA

Ingredientes:

1/2 taza de chícharos
3 zanahorias peladas, en cuadritos
1 papa grande, pelada
en cuadritos
1 apio pequeño
1/2 manojo de perejil
1 puerro grande y limpio

1/4 de col medianita
1 elote desgranado
2 litros de caldo de pollo,
desgrasado
1 pedazo de cebolla
1 diente de ajo
Sal y pimienta

Preparación: Las verduras se lavan, se pican y se ponen a cocer en el caldo, con sal y pimienta. Cuando estén muy cocidas se licuan y se cuelan en una cacerola. Si quedara muy espeso se puede agregar más caldo; se deja hervir unos 10 minutos y se sirve.

SOPA VERDE

Ingredientes:

1 litro de caldo de pollo,
desgrasado
1/2 taza de chícharos verdes,
cocidos
1/2 taza de ejotes, limpios
y en cuadritos
1/2 cebolla picada

1 ramita de cilantro
1 chile jalapeño crudo
1 papa mediana, en cuadritos
1 nabo, una zanahoria,
un puerro, un apio chico
limpio y en cuadritos
1 cucharada de aceite de maíz
Sal y pimienta

Preparación: En una cacerola se ponen todas las verduras con la cebolla y una cucharada de aceite de maíz. Se tapan 5 minutos y se les agrega el caldo hirviendo, una rama de cilantro y un chile jalapeño crudo, sal y pimienta. Se apaga cuando se cuece.

VICHYSSOISE (O SOPA FRÍA)

Ingredientes:

2 papas grandes, peladas
y en rebanadas delgaditas

1 cucharada de berros picados

1 litro de caldo de pollo,
desgrasado

4 cucharaditas de mantequilla

2 cucharadas de perejil
picado

2 puerros

1 cebolla chica

1 cucharada de aceite de maíz

Sal y pimienta

Preparación: En una cacerola, con media cucharada de aceite de maíz, se ponen la cebolla y los puerros picados. Después de 10 minutos, se agrega el caldo de pollo hirviendo y las papas, dejando que todo hierva hasta que las verduras estén muy suaves; entonces se pasa todo por un colador y se agrega sal y pimienta y se mete a enfriar pues se come fría. Al momento de servir, se le revuelve la mantequilla derretida (al tiempo), el perejil y los berros picados. Si se desea también puede servirse caliente.

CONSOMÉ DE PUERRO

Ingredientes:

1 pechuga de pollo, sin piel

2 puerros

2 claras de huevos cocidos,
picaditas

1 zanahoria

1 nabo

1 rama de apio

Preparación: En dos litros de agua hirviendo con sal se ponen a cocer la pechuga y las verduras. Se tapa y se deja a fuego lento una hora. La pechuga se pica finamente y se licua el caldo con las verduras. Se pone al fuego, y cuando suelta el hervor se retira. Se sirve con un poco de la pechuga y de las claras picadas.

PUCHERO MEXICANO

Ingredientes:

1 litro de caldo de pollo,
   desgrasado
50 gramos de jamón crudo
100 gramos de garbanzos **cocidos**
1 trozo de col
3 calabacitas chicas
2 ramas de apio

1 nabo
1 zanahoria
1 tomate chico, molido
   y colado
1 cebolla picada
2 dientes de ajo, picados
Sal y pimienta

Preparación: En una cacerola a fuego lento, se ponen todas las verduras con el jamón y los garbanzos y se tapan 10 minutos; se agrega el caldo hirviendo, sal y pimienta; y cuando hierve, se apaga.

CALDO DE GARBANZOS

Ingredientes:

1/2 kilo de garbanzos
2 nabos rebanaditos
2 dientes de ajo, picaditos
1 cebolla picada
1 ramo de hierbabuena
4 semillas de cilantro, **tostadas**

2 tazas de caldo de pollo,
   desgrasado
Sal y pimienta

Preparación: Los garbanzos se ponen a remojar desde el día anterior; al día siguiente se les quita la cáscara y se ponen a hervir con el caldo de pollo y agua, según lo requiera, a fuego lento y tapados. Cuando ya estén casi listos se agrega el resto de los ingredientes y se sirven cuando ya está todo cocido.

CREMA PRIMAVERA

Ingredientes:

1 kilo de chícharos sin cáscara
2 puerros pequeños y picados
1 zanahoria picada
1 tallo de apio, picado
1 litro de caldo de pollo, desgrasado
1 rama de cilantro
Sal y pimienta

Preparación: Cueza los chícharos, licúelos y cuélelos en el caldo hirviendo. En una sartén antiadherente, dore un poco los puerros, la zanahoria y el apio y agréguelos al caldo con los chícharos que están hirviendo. A los 10 minutos agregue sal, pimienta y una rama de cilantro Sírvase con rebanaditas muy finas de pan tostado.

CALDOS DE HABAS

Ingredientes:

1/4 de kilo de habas secas
1 jitomate pelado, molido y colado
1/2 taza de cebolla picadita
1 diente de ajo, picadito
Aceite de oliva
1 ramita de hierbabuena
Sal

Preparación: Se pelan las habas y se ponen a cocer con hierbabuena, ajo, cebolla y sal; cuando estén casi cocidas se agrega el jitomate previamente hervido y espesado. Si es necesario se puede agregar agua. Se dejan cocer, y cuando se apagan, se añaden tres cucharaditas de aceite de oliva crudo.

CALDO DE POLLO BÁSICO

Ingredientes:

10 patitas de pollo
1/2 cebolla
1 rama de apio

1 puerro
2 dientes de ajo
Sal y pimienta

Preparación: Se limpian muy bien las patitas y se ponen a hervir en 2 litros de agua con todos los demás ingredientes, tapadas, a fuego lento dos horas hasta que se desbaraten. Entonces se cuela el caldo y se desgrasa. Sirve para realizar todas las sopas que lo requieran.

CREMA DE BERROS

Ingredientes:

1 litro de caldo de pollo, desgrasado
2 manojos de berros
1 papa hervida
3 cucharadas soperas de cebolla picadita
Aceite de maíz

Preparación: Se lavan muy bien los berros a manera que no lleven tierra, y se ponen a fuego lento en una cacerola por 10 minutos, sin agua; en seguida se licuan con el agua que soltaron y con un poco del caldo de pollo y la papa hervida. En una cacerola, con una cucharada sopera de aceite de maíz, se dora la cebolla y se vacía la mezcla junto con el resto del caldo. Se deja hervir 10 minutos y se sirve.

MINESTRONE

Ingredientes:

1 vaso de alubias cocidas
1 litro de caldo de pollo, desgrasado
1/2 cebolla, 3 zanahorias, 1 puerro,
1 jitomate y varas de apio
  (todo picado)

1 taza de chícharos
  cocidos
1 taza de fideos delgados
1 diente de ajo
Sal y pimienta

Preparación: Las verduras y el ajo se ponen al fuego 10 minutos. Cuando esté hirviendo el caldo, se agregan las alubias y los fideos; se deja hervir, tapado, 20 minutos, todo junto con las verduras.

CREMA DE CILANTRO

Ingredientes:

1 litro de caldo de pollo,
  desgrasado
1 manojo grande de cilantro
4 calabacitas

Los granos de 2 elotes cocidos
3 cucharadas
  de cebolla picadita
Sal y pimienta

Preparación: Se lava muy bien el cilantro y se le quita la raíz; se pone a cocer a fuego lento 10 minutos; y junto con el agua que soltó, más los granos de elote y las calabacitas cocidas (con el poco de agua donde se cocieron los elotes y las calabacitas) se licua muy bien; y de ser necesario se cuela con coladera de hoyo mediano y se pone en una cacerola, junto con la cebolla picada, y cuando suelte el hervor se agrega el caldo de pollo hirviendo y se deja hervir a fuego medio, durante 10 minutos, y se apaga.

GAZPACHO ANDALUZ

Ingredientes:

4 jitomates grandes,
   licuados y colados
1 diente de ajo
1 cebolla chica
2 rebanadas de pan
   remojado en agua
4 cucharadas de vinagre
   de manzana

1 cucharadita de azúcar
1 aguacate
1 taza dé pepinos pelados,
   en cuadritos
1/2 taza de pimiento verde, picado
Aceite
Hielo
Sal y pimienta

Preparación: En un molcajete se machacan muy bien el ajo, la cebolla y el pan remojado. A esta pasta se le va agregando poco a poco el aceite, el vinagre y el jugo de jitomate con sal, pimienta y azúcar. Se pone en el refrigerador y al momento de servir en platos hondos o en tazas de cristal se le añaden unos trocitos de hielo, pimiento, pepino y unos trocitos de aguacate, en cada ración.

SOPA DE COL

Ingredientes:

1 litro de caldo de pollo, desgrasado
1 kilo de habas verdes sin las dos cáscaras
1 col pequeña, tierna; finamente rebanada
1/2 cebolla en medias lunas
Aceite de maíz

Preparación: En agua hirviendo con un poco de sal se vierten las habas, y cuando vuelve a soltar el hervor se apaga. En una cacerola, con una cucharada sopera de aceite de maíz, se dora la cebolla y se agrega la col, revolviendo 5 minutos, y luego las habas. Se agrega caldo de pollo hirviendo. Deje cocinar a fuego lento 15 minutos.

SOPA DE BERROS

Ingredientes:

2 manojos de berros
1 cebolla chica, picada
50 gramos de champiñones limpios y en rodajas delgaditas
1 litro de caldo de pollo, desgrasado
Aceite de maíz

Preparación: En una cacerola se dora la cebolla con media cucharada de aceite de maíz, y se añaden los berros muy bien lavados (sin tierra) y picados en trozos gruesos y el caldo de pollo hirviendo; cuando suelte el hervor se añade sal, pimienta y los champiñones, se baja el fuego, se cuece unos 5 minutos y se apaga.

SOPA DE PAPA CON APIO

Ingredientes:

2 apios
4 papas medianas
1 litro de caldo de pollo, desgrasado
Sal y pimienta.

Preparación: El apio y la papa se ponen en una cacerola con media cucharada de aceite de maíz, y se les da varias vueltas. Al cabo de 10 o 15 minutos, se agrega el caldo hirviendo; cuando suelte el hervor se agrega sal y pimienta y se deja cocer a fuego lento 20 minutos. Se puede servir caliente, espolvoreada con perejil o pimentón, o bien fría, con una cucharada de yogur.

CREMA DE COLIFLOR

Ingredientes:
   1 coliflor mediana
   1 cucharada de aceite de maíz
   2 jitomates pequeños
   1/2 cebolla
   1 diente de ajo
   1 vaso de leche descremada
   1 litro de caldo de pollo, desgrasado
   Sal y pimienta

Preparación: Ponga a cocer la coliflor en agua, escúrrala y licúela con la leche. Licue los jitomates con el ajo y la cebolla, y hiérvalos hasta que espesen. En el caldo hirviendo añada la coliflor y la salsa, y salpimiente. Sírvalo.

SOPA DE FLOR DE CALABAZA

Ingredientes:
   1 litro de caldo de pollo, desgrasado
   5 manojos de flor de calabaza
   6 hojas de epazote
   4 hojas de acelgas
   100 gramos de champiñones en rebanadas
   1/2 cebolla picadita
   2 chiles poblanos, en rajitas
   1 jitomate picado

Preparación: En una cacerola se fríen todos los ingredientes, a fuego medio; se agrega el caldo hirviendo y se espera a que suelte el hervor y se apaga.

SOPA DE APIO Y CHAYOTE

Ingredientes:
   1 apio entero, grande
   4 chayotes medianos
   1 litro de caldo de pollo, desgrasado
   1 ramita de perejil

Preparación: Se cortan el apio y el chayote en cuadritos y se añaden al caldo cuando está hirviendo. A los 10 minutos se apaga y se le espolvorea perejil picado.

CALDO DE VERDURAS

Ingredientes:
   1 litro de caldo de pollo, desgrasado
   2 puerros
   2 chayotes sin piel
   4 calabacitas
   1 cebolla pequeña
   4 hojas de acelga
   4 ramas de apio
   2 nabos
   2 chile jalapeño, crudo
   1 rama de cilantro
   1 tomate
   1 ajito picado
   1 taza de fideos delgaditos

Preparación: Se lava muy bien toda la verdura y se pica; se pone en una cacerola a fuego lento, tapada; se agregan en crudo ajo, cebolla y tomate. Se revuelve y se deja 20 minutos. Se agrega caldo hirviendo y fideo crudo, y se deja hervir 20 minutos más.

CALDO DE CHAMPIÑONES

Ingredientes:
1 litro de caldo de pollo, desgrasado o 1 litro de caldo vegetal
1/2 kilo de champiñones raspados, medianos
1 cucharada de cebolla picada
1 taza de aguacate en trocitos
200 gramos de queso panela, descremada y en trocitos

Preparación: Cuando el caldo ya esté listo se pone a hervir y se le agregan los champiñones y la cebolla; se deja hervir durante 10 minutos y cuando se sirve se agregan aguacate y queso y si se gusta se agregan unos trocitos de chipotle dorados.

SOPA JULIANA

Ingredientes:
1 nabo, 2 zanahorias, 1 calabacita, 1 puerro, 1 papa,
*   la 1/4 parte de una col tierna, 1 jitomate sin semilla;*
*   todo limpio, pelado y picado*
1 cucharada de perejil picado
1 litro de caldo de pollo, desgrasado
Aceite de maíz
Sal y pimienta

Preparación: En una cacerola, con 1/2 cucharada de aceite de maíz, se ponen todas las verduras por unos 15 minutos, al cabo de los cuales se les agrega el caldo hirviendo, y se dejan tapadas a fuego medio, por otros 15 minutos.

Hortalizas guisadas

CALABACITAS A LA MEXICANA

Ingredientes:
   1/2 kilo de calabacitas tiernas, en rajitas
   4 elotes tiernos y desgranados
   2 chiles poblanos, asados, desvenados y en rajas
   2 jitomates pelados y sin semilla, picados
   200 gramos de queso panela, descremado
   1 rama de epazote
   1 pedazo de cebolla
   1 diente de ajo
   Aceite de maíz
   Sal y pimienta

Preparación: En una cacerola, con media cucharada de aceite de maíz, se ponen: calabacitas, elotes, epazote, cebolla y ajo, se tapa y se pone a fuego lento, y a los 10 minutos se agrega el jitomate, dejándola destapada a que hierva *sin que se cueza demasiado*. Cuando estén listas las verduras se agregan las rajas y el queso en rebanadas a que se cubra.

BOCADOS DE PIMIENTO

Ingredientes:
   2 pimientos asados, desvenados y partidos por la mitad
   1 cucharada de cebolla rallada
   1 cucharadita de cilantro picadito
   1 taza de requesón
   Sal

Preparación: Se revuelve el pimiento, la cebolla, el cilantro y la sal, y se coloca encima el requesón. Se sirve bien frío.

BUDÍN DE CALABACITA

Ingredientes:

1/2 kilo de calabacitas verdes, tiernas

3 jitomates grandes, molidos y colados

30 gramos de queso panela, descremado

1 ramita de perejil

1 cucharada de orégano molido

1 diente de ajo molido

1 pedazo de cebolla molida

Azúcar

2 cucharadas de mantequilla

Aceite de maíz

Sal y pimienta

Preparación: Se ponen las calabacitas rebanadas, con sal, pimienta y media cucharadita de aceite de maíz a cocer al vapor, sin que se recuezan; en otra cacerola se ponen a hervir el jitomate con la cebolla, el ajo, la sal, el orégano, la pimienta, el perejil y una pizca de azúcar. En un refractario se pone una capa de calabacita y una de queso, y así sucesivamente hasta terminar con queso; entonces se cubre todo con la salsa de jitomate y se mete al horno caliente a 350°C, nada más a dorar, y cuando se saca se le pone la mantequilla en trocitos arriba del budín.

CAZUELA DE CHAMPIÑONES

Ingredientes:

400 gramos de champiñones limpios

1 manojo de perejil picado

3 cebollines picaditos con todo y lo verde

1/4 de taza de caldo de pollo, desgrasado

1 cucharada de mantequilla

Sal y pimienta

Preparación: Se mezcla todo y se pone a fuego moderado y cuando ya se cocieron los champiñones se le agrega una cucharada de mantequilla y se apaga.

VERDURAS AL PLATO

Ingredientes:

1/2 col en tres trozos

1 taza de chícharos verdes,
   pelados

1/4 de kilo de ejotes limpios,
   partidos por la mitad

2 papas en trozos

6 zanahorias en trozos

2 betabeles en trozos

1/2 taza de cebolla picada

2 dientes de ajo, picados

1/4 de taza de perejil picado

1 cucharadita de pimentón

2 cucharadas de aceite de oliva

Sal y pimienta

Preparación: En agua hirviendo se mete a cocer la col y como a los 10 minutos se saca; aparte se cuecen los ejotes y las zanahorias y aparte los betabeles, las papas y los chícharos; todo se cuece por separado. Se revuelven todas las verduras con el resto de los ingredientes. Se sirve en frío.

COLIFLOR A LA PORTUGUESA

Ingredientes:

1 coliflor

3 dientes de ajo, picados

1/4 de taza de perejil

2 cucharadas de vinagre

1/4 de taza de queso parmesano, rallado

1/2 kilo de jitomates, molido, colado y espesado en el fuego

Sal

Preparación: Córtese la coliflor en trozos y añádales ajo, perejil, sal y vinagre; al cabo de una hora se hierve en agua y se escurre. Se cubre con el queso y la salsa de jitomate espesa y se mantiene caliente hasta el momento de servir.

CACEROLA DE VERDURAS

Ingredientes:

12 calabacitas tiernas en trocitos alargaditos (3 cm)

3 chiles poblanos en rajas

1/2 taza de granos de elotes tiernos

3 puños de germinado de alfalfa

1 taza de champiñones partidos por la mitad

4 dientes de ajo, picaditos

12 hojas de epazote picadas

1 cebolla chica, picadita

Sal y pimienta

Preparación: En una sartén antiadherente se ponen las rajas de chile poblano y la cebolla, se da vueltas y a los 5 minutos se ponen en una cacerola junto con las calabacitas y el epazote; en la misma sartén se ponen los champiñones y los ajos otros 5 minutos y se mueven y se vacían a la misma cacerola de las calabacitas; por último se ponen en la sartén los granos de elote con el germinado otros 5 minutos y se agregan a la cacerola revolviendo bien; se pone al fuego con sal y pimienta por unos 10 o 15 minutos, destapado.

HORTALIZAS REVUELTAS

Ingredientes:

2 zanahorias grandes, peladas y en rebanadas finas

100 gramos de chícharos cocidos

1/2 taza de germinado de alfalfa

1 manojo de cebolletas frescas y picadas

Un chorro de salsa de soya

Aceite de maíz

Sal y pimienta

Preparación: En una sartén antiadherente, embarrada con aceite de maíz, se ponen las zanahorias, se deja 10 minutos a fuego lento y se agrega salsa de soya, sal, pimienta y las cebolletas; se dejan 5 minutos y se agregan chícharos, germinado y más salsa de soya; se deja 5 minutos y se apaga.

ACELGAS CON JAMÓN

Ingredientes:

1/2 kilo de tallos de acelgas
2 cucharadas de harina
1 taza y media de leche
1 taza de jamón cocido y picadito

Nuez moscada,
    rallada al gusto
Aceite de maíz
Sal y pimienta

Preparación: A las acelgas se les quitan las hojas verdes y también se les quitan los hilos por decir así; se parten en pedazos medianos y se enaguan; en agua hirviendo con sal, se ponen a cocer. En una sartén antiadherente, con media cucharada de aceite de maíz, se dora la harina y se le agrega la leche sin dejar de mover y cuando se forma la crema se agrega sal, pimienta, nuez moscada y los pedazos de jamón, y ya que está un poco espesa se vacía sobre las acelgas que ya están acomodadas en un refractario; se hornean a 350°C para que se doren.

CALABACITAS SALTEADAS

Ingredientes:

1/2 kilo de calabacitas en trocitos
Sal y pimienta

Vinagreta:

1/4 de taza de vinagre de vino
2 dientes de ajo, picaditos
1 cucharada de cebolla picadita
1/2 cucharada de tomillo desbaratado

Preparación: Se cuecen las calabacitas a fuego lento, a vapor: se les agrega sal y pimienta, se les riega la vinagreta y se sirven.

JITOMATES RELLENOS

Ingredientes:

6 jitomates rojos, chicos
1/2 cebolla picada
2 bolillos grandes, remojados
    en leche y exprimidos
1 huevo entero
2 cucharadas de perejil picado

Nuez moscada
50 gramos de queso
    parmesano, rallado
Aceite de maíz
Sal y pimienta

Preparación: Los tomates: se les quita una tapita, se vacían y se dejan escurrir. En una sartén antiadherente, con una cucharada de aceite de maíz, se dora la cebolla, se retira del fuego y se le agregan: las migas de los bolillos, huevo, queso, perejil, sal, pimienta y nuez moscada y se mezcla todo muy bien y se rellenan con esto los jitomates; se les espolvorea el queso y se ponen al horno caliente por unos minutos para dorar la parte de arriba.

Sirve para acompañar algunos guisos de carne o los budines de verduras.

COLIFLOR CON AJOS

Ingredientes:

1 kilo de coliflor
3 dientes de ajo, picados
1 cucharada sopera de aceite
    de maíz

1 cucharada rasa
    de pimentón
2 cucharadas de vinagre
    de manzana

Preparación: En agua hirviendo con sal, se ponen los ramitos de coliflor a cocer, sin que se desbaraten; escurrir bien. En una sartén antiadherente, dorar los ajos picaditos y agregar el pimentón y al final el vinagre y rociarlo encima de la coliflor.

RATATOUILLE

Ingredientes:

4 jitomates, medianos,
 pelados y rebanados
2 cebollas picadas
2 berenjenas medianas,
 peladas y en cuadros
4 calabacitas rebanadas
2 pimientos verdes, rebanados

2 dientes de ajo, picaditos
Un poquito de tomillo
2 cucharadas de aceite
 de oliva crudo
1 cucharada sopera
 de aceite de maíz
Sal y pimienta

Preparación: En una cacerola, con una cucharada sopera de aceite de maíz, a fuego alto, se van poniendo las verduras en la siguiente orden: se dora un poco la cebolla; se agrega la berenjena sin dejar de mover 3 minutos; se añaden los jitomates y en 3 minutos las calabacitas, el ajo y los pimientos. Se deja que todo se cocine a fuego alto revolviendo de vez en cuando, durante unos minutos; se agrega la sal, la pimienta, el tomillo; se le baja al fuego y se deja que se siga cocinando lentamente y *destapado* media hora.

Al servir se le agrega el aceite de oliva.

PAPAS AL HORNO

Ingredientes:

2 papas medianitas

Preparación: Se lavan y secan; se pincha con un tenedor y se cuecen; se hace un corte en un extremo de cada papa y se cubre con un poco de los siguientes rellenos a escoger: cebollín picadito con queso cottage, o cebolla y pimiento picaditos con queso panela, o una cucharada de yogur con perejil picado.

PISTO

Ingredientes:
   4 tomates medianos, maduros, pelados y en cuadros
   2 dientes de ajo, picaditos
   1 cebolla mediana, picadita
   2 pimientos rojos y 3 verdes, en cuadritos
   1/2 cucharada de azúcar
   3 cucharadas de aceite de oliva
   Aceite de maíz

Preparación: En una cacerola, con media cucharada sopera de aceite de maíz, se pone la cebolla y el ajo hasta que estén transparentes; agregue los tomates, los pimientos, el azúcar y la sal al gusto. Se tapa la cacerola hasta que todo se cueza. Sirve para acompañar un filete de pescado asado o un pollo a la parrilla.

NOPALES CON QUESO

Ingredientes:
   12 nopales gruesos, "arribeños"   1 diente de ajo
   1/4 de queso panela, descremado   2 chiles anchos, asados,
   1 cebolla   desvenados y remojados
                                           Sal

Preparación: Los nopales se limpian muy bien, se cuadriculan con el cuchillo por una de sus caras y se les espolvorea sal y se ponen a asar en una sartén antiadherente, 5 minutos por cada lado. Cuando ya están cocinados se les pone queso arriba y se les rocía la siguiente salsa: licue el resto de los ingredientes y póngalos a hervir hasta que espese la salsa.

POBLANOS RELLENOS

Ingredientes:

10 chiles poblanos, asados
y limpios

2 pechugas de pollo sin piel,
deshebradas y picadas

2 jitomates pelados, sin semilla
y picados

1 cucharada de cebolla picadita

2 cucharadas de perejil picado

Vinagre de manzana

Un puño de pasitas

1 diente de ajo picado

1 hoja de laurel

Un puño de almendras,
peladas y en rajitas

1 manzana pelada,
en cuadritos

Un poquito de orégano seco

1 plátano roatán, en cuadritos

Aceite de maíz

Sal

Preparación: En una cacerola, con media cucharada de aceite de maíz, se pone ajo, cebolla, orégano y laurel y un poco después se agrega jitomate y perejil; unos minutos más tarde se agrega la pechuga picadita, pasitas, almendras, manzana, plátano y un chorrito de vinagre de manzana, y se deja consumir un poco; con esto se rellenan los chiles ya limpios, se les espolvorea sal y se meten al horno caliente unos 15 minutos.

CHAMPIÑONES AL AJILLO

Ingredientes:

1/2 kilo de champiñones

1 taza de perejil picadito

1/2 taza de ajos, picaditos

1/2 cucharada de aceite de maíz

Sal y pimienta

Preparación: Lave los hongos y quíteles los tallos, partiendo todo en 4 partes. En una cacerola, con media cucharada de aceite de maíz, ponga ajo y como a los 3 minutos agregue champiñones; revuelva muy bien a fuego alto hasta que se semidoren, agregue sal y pimienta. Al final añada perejil, revolviendo muy bien. Tiempo de cocción 15 minutos.

JITOMATES CON CHAMPIÑONES

Ingredientes:

250 gramos de champiñones
frescos, pelados y picados
4 jitomates grandes, pelados
sin la semilla y por mitad
1 diente de ajo machacado
2 cucharadas de aceite de oliva

2 cucharaditas de albahaca
fresca y picada
1 cucharadita de azúcar
1/2 taza de pan molido
Aceite de maíz
Sal y pimienta

Preparación: En una sartén antiadherente, con media cucharada de aceite de maíz, se añaden el ajo y la albahaca hasta que empiece el ajo a dorarse, entonces se agregan los champiñones, se mueven durante 2 minutos, se retiran; se les agrega sal y pimienta. Los jitomates se espolvorean con azúcar, pimienta y pan molido, y se hornean a 220°C durante 20 minutos, al cabo de los cuales se les rocía el aceite de oliva y los champiñones.

VERDURAS EN VINAGRE

Ingredientes:

3 zanahorias medianas,
peladas y en rodajas
10 cebollitas cambray
1 coliflor chiquita
(sólo los ramitos)
Un puño de chiles
serranos, verdes
4 nopales partidos en rajitas

3 dientes de ajo
4 pimientas enteras
1 cucharada de aceite de oliva
2 clavos
Un poco de orégano seco
Vinagre de piña
Sal

Preparación: Se hierven todas las verduras con el ajo, 15 minutos; se vacían en un trasto de cristal y se agrega sal, pimienta, clavos, orégano, vinagre y una cucharada de aceite de oliva; se revuelve muy bien y se dejan tapados 2 o 3 días, antes de comerlas.

PASTEL DE BERENJENA

Ingredientes:
    600 gramos de berenjenas
    ¼ de kilo de carne molida de res
    1 cebolla picada
    175 gramos de tomates
    1 puerro
    1 cucharada de harina
    1 diente de ajo

Preparación: En una sartén antiadherente, poner la carne y darle vueltas hasta que se cueza, se le agrega sal y pimienta y al final la cebolla, se apaga y se vacía. En la sartén poner: un ajo picadito menudito y el perejil; después añadir el puerro y el tomate molido y colado; dejar hervir unos momentos y añadir la harina con medio vaso de agua, mover y dejar cocer 30 minutos, pasarlo por una coladera y volver a ponerlo hasta que espese.

Las berenjenas pelarlas y probarlas, quitar las que estén amargas; se rebanan, se les pone sal y se dejan escurrir 30 minutos; en un refractario se meten al horno unos 15 minutos; se sacan, se pone una capa de berenjena, una de carne y una de salsa; y se repite lo mismo y se mete otra vez al horno a fuego alto, por 10 minutos.

CHAMPIÑONES A LA OAXAQUEÑA

***Ingredientes*:**
- 1 kilo de champiñones frescos y limpios
- 1 cebolla chica, picadita
- 2 cucharadas de aceite de oliva
- 1 tomate rojo, grande
- 1 chile ancho, desvenado y tostado
- 4 cominos
- 1 hoja de acuyo (hoja santa)
- 8 dientes de ajo
- 1 cucharada de aceite de maíz
- Sal y pimienta

***Preparación*:** Se enjuagan muy bien los champiñones y se ponen en una cacerola con media cucharada de aceite de maíz y se agregan los ajos. Se licua tomate, chile, cebolla, acuyo, otros 4 ajos y los cominos, y se cuela y se pone a hervir hasta que espese; entonces se añaden los hongos y el jugo que soltaron; pero sin los ajos enteros; se añade sal y pimienta. Se dejan 15 minutos más y se sirven muy calientes.

ZANAHORIAS CON BECHAMEL

***Ingredientes*:**
- 10 zanahorias medianas, peladas y cocidas
- 1 cucharada de harina
- 2 tazas de leche descremada
- 1 cucharada de perejil picadito
- Nuez moscada
- 2 cucharadas de mantequilla
- 1/2 cucharada de aceite de maíz
- Sal y pimienta

***Preparación*:** Las zanahorias ya cocidas se rebanan en rueditas. La harina se pone a dorar en media cucharada de aceite de maíz y luego se le va agregando leche poco a poco, sin dejar de mover, sal, pimienta y nuez moscada. Cuando está espesa se le agregan las zanahorias y se deja hervir a fuego muy lento unos minutos. Se le espolvorea el perejil.

ESPÁRRAGOS

Ingredientes:

1 lata de espárragos	2 jitomates molidos y colados
1 cebolla picadita	1 chile serrano
2 cucharadas de aceite de oliva	3 claras de huevo cocido
1 cucharada de perejil picado	Aceite de maíz
1 diente de ajo, molido	Sal y pimienta

Preparación: Los espárragos frescos son difíciles de conseguir, pero si se logran obtener se deberán raspar con un cuchillo para quitarles las hebras; luego en agua hirviendo con sal se meten a cocer en una cacerola grande, para que no se maltraten. Ya sean de lata o cocidos en casa, se colocan en un platón refractario y se conservan calientes sobre el vapor de una olla. En una cacerola, con media cucharada de aceite de maíz, se pone cebolla y cuando esté transparente se agregan: ajo, tomate, perejil, sal, pimienta y el chile entero; se deja espesar y entonces se agregan claras cocidas y picadas y se riega sobre los espárragos calientes, junto con el aceite de oliva crudo.

BERENJENAS ASADAS

Ingredientes:

4 berenjenas medianas, rebanadas	Aceite de maíz
Un poco de orégano molido	Sal
Aceite de oliva	

Preparación: A las berenjenas rebanadas se les pone la sal y el orégano y se dejan reposar por una hora. Se ponen a asar en una sartén antiadherente bien caliente, con un poquito de aceite de maíz, y se voltean como a los 4 o 5 minutos. Se sirven calientes y rociadas con aceite de oliva.

BERENJENAS A LA ITALIANA

Ingredientes:
   6 berenjenas medianas
   4 jitomates, grandes, pelados y rebanados
   4 dientes de ajo, molidos
   6 cucharadas de perejil picadito
   100 gramos de queso parmesano
   2 cucharadas de pan molido
   5 cucharadas de aceite de oliva
   Sal y pimienta

Preparación: Las berenjenas se pelan, se rebanan delgaditas y se prueban para que no haya ninguna amarga; se les pone sal y se dejan escurrir por una hora; entonces se colocan en un refractario y, encima de las berenjenas, el jitomate rebanado sin semilla, un poco de perejil, ajo, sal, pimienta y queso y así sucesivamente. Se termina con jitomate y queso; se espolvorea con pan y se hornean a 250°C hasta que se cuezan, entonces se sacan y se les riega el aceite de oliva.

SANDWICH DE PEPINO

Ingredientes:
   1 pan integral rebanado
   50 gramos de pepino en vinagre, picaditos
   200 gramos de queso cottage o requesón
   100 gramos de aceitunas negras, picaditas
   2 pimientos rojos en conserva, picaditos
   1/4 de taza de leche descremada
   Sal y pimienta

Preparación: Se mezcla todo muy bien y con esto se unta el pan.

BUDÍN DE VERDURAS

Ingredientes:
3 zanahorias peladas
2 nabos pelados
2 pimientos rojos, asados y limpios
100 gramos de queso panela, fresco
1/2 taza de chícharos pelados
1 coliflor tierna, en ramitos
3 claras y 1 huevo entero, crudos
1/2 taza de leche descremada
2 cucharadas rasas de mantequilla
Sal y pimienta

Preparación: Las verduras ya limpias se cuecen todas por separado, metiéndolas cuando el agua está hirviendo. Se escurren y se pican. Las claras se baten a punto de turrón y se les agregan las yemas desbaratadas; después se incorporan todas las verduras, la leche, la sal y la pimienta. Se vacía en un molde de corona (con orificio central) y se mete en el horno caliente y se hornea a 350°C, hasta que se seque.

En una cacerola se pone la harina a dorar un poco; se agregan 2 tazas de leche descremada, moviendo constantemente; se agrega sal, pimienta y un poquito de nuez moscada. Cuando se espesa, con esta salsa se cubre el budín cuando se saca del horno. Se adorna con pimiento.

BUDÍN DE ESPINACAS

Ingredientes:
6 atados de espinacas
1 cucharada de harina
1 cucharada de perejil picado
3 cucharadas de cebolla picada y dorada
2 cucharadas de queso parmesano, rallado
1 huevo crudo
50 gramos de jamón picadito
1 taza de leche descremada
Nuez moscada, rallada
Aceite de maíz
Sal y pimienta

Preparación: En una olla se enjuagan muy bien, hoja por hoja, las espinacas, debajo del chorro del agua.

Una vez limpias, sin tierra, ponerlas a fuego medio tapadas y cuando estén cocidas, escurrirlas y exprimirlas y picarlas finamente.

Preparar una salsa blanca; en una sartén antiadherente, con media cucharada de aceite de maíz, se pone la harina y cuando esté semidorada se agrega la leche sin dejar de mover, a fuego lento hasta que esté hirviendo, y se le agrega sal, pimienta y un poquito de nuez moscada rallada; se añade el queso, el huevo, el jamón, el perejil, la cebolla y las espinacas picadas. Se vacía en un molde refractario y se cocinan al horno, en baño María.

COLIFLOR GRATINADA

Ingredientes:
   1 coliflor mediana
   1 cucharada sopera de harina
   1 vaso de leche descremada
   1/2 cucharadita de nuez moscada (opcional)
   1 cucharada de aceite de maíz
   50 gramos de champiñones picados
   1/2 cebolla pequeña, picada
   Queso parmesano, rallado

Preparación: Se corta la coliflor en ramitos pequeños y éstos se enjuagan muy bien, se escurren y se meten a cocer en agua hirviendo, salada; una vez cocidos se escurren.

En una sartén antiadherente se ponen el aceite y la cebolla 5 minutos; se agrega harina y se remueve con una cuchara de palo por 3 minutos, y se va agregando leche sin dejar de mover hasta que hierva y entonces se agregan los champiñones. En un trasto para hornear se coloca coliflor, se riega encima la salsa y se espolvorea con queso parmesano y se mete al horno bien caliente de 10 a 15 minutos o se deja afuera en la lumbre por igual tiempo.

HABAS A LA ASTURIANA

Ingredientes:
2 kilos de habas verdes sin las dos cáscaras
300 gramos de papitas chiquitas
100 gramos de jamón en trozos y picadito
Pimentón
3 zanahorias
2 ajos
Aceite de maíz
Sal

Preparación: En una cacerola se pone una cucharada sopera de aceite de maíz, el ajo y el jamón picado. Se le espolvorea un poquito de pimentón y se añaden las habas y las zanahorias, medio litro de agua tibia y sal. Cuando empieza a hervir se tapa la cacerola y se deja que cueza durante 20 minutos; se agregan las papas peladas y se deja en cocimiento hasta que estén listas las papas.

Leguminosas

FRIJOLES A LA CUBANA

Ingredientes:

2 tazas de frijoles blancos
Un trozo de cebolla
2 cucharadas
   de aceite de maíz
4 dientes de ajo
4 pimientos verdes

6 granos de pimienta
1 hoja de laurel
1 cucharadita
   de orégano seco
2 cucharadas de comino en polvo
1 cabeza de ajo, asada

Preparación: Una vez enjuagados y remojados los frijoles desde la víspera, póngalos a hervir con suficiente agua, a fuego medio, tapados, con la cabeza de ajo asada y el trozo de cebolla. En una sartén antiadherente ponga una cucharada de aceite de maíz con la cebolla y el pimiento picados, 10 minutos; agregue 4 dientes de ajo y pimienta (ambos machacados en el molcajete), laurel, orégano, cominos y sal; cuando estén blandos los frijoles, vierta sobre ellos el contenido de la sartén y deje a fuego lento, tapados hasta que estén bien sazonados.

LENTEJAS

Ingredientes:

1/2 kilo de lentejas
1 diente de ajo
1 cebolla pequeña

1 hoja de laurel
1 cucharadita de pimentón

Preparación: Limpiar las lentejas, lavarlas bien y ponerlas a hervir a fuego lento, tapadas, con un diente de ajo y una hoja de laurel. En una sartén antiadherente dorar muy bien cebolla picadita, agregarle una cucharadita de pimentón y vaciarla sobre las lentejas cuando ya estén cocidas. Se dejan hervir unos minutos. Se retira el laurel y el ajo antes de servir.

GARBANZOS VIUDOS

Ingredientes:

200 gramos de garbanzos
1 pimiento verde
2 dientes de ajo

1 ramita de perejil
1 cucharada de aceite de oliva
1 hoja de laurel
Sal

Preparación: Se ponen a remojar los garbanzos la noche anterior y se les retira el agua y el ollejo al día siguiente; se ponen a hervir con un diente de ajo, a fuego lento, tapados, con suficiente agua. Cuando ya están cocidos se retira el diente de ajo, se agrega: pimentón y ajos picados, laurel, perejil y sal; se deja que hiervan 5 minutos, se apaga y al servir se agrega el aceite de oliva crudo.

ESPINACAS CON GARBANZOS

Ingredientes:

600 gramos de garbanzos *frescos*
1 kilo de espinacas
3 dientes de ajo, picaditos y 1 entero

Pimentón
Sal y pimienta

Preparación: Se dejan en la noche los garbanzos y en la mañana se les retira la cáscara y se tira el agua. Y se ponen a cocer con un diente de ajo, a fuego lento. En otra cacerola, después de enjuagar muy bien las hojas de espinacas, a fuego bajo y *sin agua* se ponen a cocer de 5 a 10 minutos. En una sartén antiadherente se doran el ajo picado y un poquito de pimentón y se añaden las espinacas escurridas y picadas; se les da una vuelta y se agregan sal y pimienta, se vacían encima de los garbanzos y se revuelven. Se sirve caliente.

ALUBIAS AL HORNO

Ingredientes:

1/2 kilo de alubias grandes
1 pimiento verde, picado
2 ramas de apio
2 zanahorias grandes, peladas
1 cucharadita de hierbas de olor,
   molidas

1 taza de caldo de pollo,
   desgrasado
Aceite de maíz
Sal y pimienta

Preparación: Se cuecen las alubias y cuando están semicocidas se les agrega sal. En una cacerola, con media cucharada de aceite de maíz, se ponen pimiento, apio y zanahoria, todo muy picado y cuando están blandos, se mezclan con las alubias bien cocidas, y escurridas; se añaden el caldo, las hierbas, la sal y la pimienta y se hornea durante 20 minutos a 200°C. Al sacarlas, se espolvorean con queso parmesano.

PURÉ LABRADORA

Ingredientes:

100 gramos de garbanzos
100 gramos de alubias
100 gramos de chícharos
100 gramos de lentejas
1 tomate molido y colado

1/2 cebolla, 1 papa, 1 nabo,
1 zanahoria, 1 puerro
Un trozo de col
1 ramita de apio
Un trozo de hueso de jamón (serrano)
Sal

Preparación: Se dejan desde el día anterior los garbanzos, alubias y lentejas en remojo. Se enjuagan y se cuecen con el hueso y los chícharos. A media cocción se añaden todas las verduras peladas y cortadas en trozos, así como también tomate y sal. Cuando todo está bien cocido se licua y se cuela y al servir se le pone una cucharada de aceite de oliva en cada plato.

GARBANZOS CON ARROZ

Ingredientes:

1/2 kilo de garbanzos
1 zanahoria
100 gramos de arroz
1 cebolla

2 dientes de ajo
La mitad de una col
2 cucharadas de aceite de oliva
Pimienta, clavo molido y sal

Preparación: Se ponen a remojar los garbanzos desde la víspera; al día siguiente se ponen a cocer sin la cáscara, tapados, a fuego lento, agregándoles agua caliente cuando se requiera. Y cuando están semicocidos se les agrega el resto de los ingredientes picados; excepto el aceite, el cual se agrega cuando se sirve.

POTAJE DE LENTEJAS CON ESPINACAS

Ingredientes:

1/4 de kilo de lentejas
1 cebolla picadita
4 cucharadas de aceite de oliva
2 manojos de espinacas

El jugo de un limón
Aceite de maíz
Sal y pimienta

Preparación: Se limpian las lentejas y si se quiere se ponen a remojar toda la noche. En una sartén antiadherente, con media cucharada de aceite de maíz, se dora la cebolla y se le vacía a las lentejas cuando están a medio cocimiento y se añade sal y se dejan que hiervan hasta que estén muy suaves; entonces se les agregan las hojas de espinacas muy bien lavadas y picaditas, y se dejan hervir otros 10 minutos; cuando se sirve, se agrega un poquito de jugo de limón en cada plato.

ALUBIAS CON PEREJIL

Ingredientes:

1/2 kilo de alubias grandes
3 tomates molidos y colados
2 dientes de ajo, molidos
1 hueso de jamón

2 cucharadas de perejil picado
2 cucharadas de aceite de oliva
Un pedazo de cebolla molida
Sal y pimienta

Preparación: Las alubias se remojan desde la víspera, y al día siguiente se ponen con el hueso a hervir; cuando están cocidas se les agrega sal, pimienta, tomates, cebolla y ajo, todo colado y se deja hervir unos 15 minutos más; al momento de servir se añaden el aceite de oliva y el perejil picado.

GARBANZOS GUISADOS

Ingredientes:

1/4 de kilo de garbanzos
1/2 cebolla picadita
1 cucharada de pan molido
4 cucharadas de aceite de oliva
Aceite de maíz
Sal, pimienta y pimentón

Preparación: Los garbanzos se remojan desde la víspera. Al día siguiente se pelan, se ponen a cocer en poco agua y fuego lento, tapados. En una cacerola, con media cucharada de aceite de maíz, se dora cebolla y se añaden pan y una pizca de pimentón y se revuelve con los garbanzos, sal y pimienta, dejando hervir unos minutos. Al servir se agrega el aceite de oliva.

POTAJE DE GARBANZOS

Ingredientes:

1/4 de kilo de garbanzos

4 claras de huevos cocidos, picadas

1/4 de kilo de papas peladas, en trozos

100 gramos de arroz

1 cebolla picada

2 dientes de ajo, machacados

4 cucharadas de aceite de oliva

Azafrán

Aceite de maíz

Sal y pimienta

Preparación: Los garbanzos se ponen a remojar desde el día anterior y se les retira la cáscara; se cuecen a fuego lento y tapados. Entonces se les agregan papas y arroz, sal y pimienta. En una sartén antiadherente, con media cucharada de aceite de maíz, se ponen los ajos y a los 2 minutos la cebolla y el azafrán y se dejan cocer suavemente unos 10 minutos y se le vacía a los garbanzos, dejándose hervir 15 o 20 minutos más. Cuando se sirve se rocía con el aceite de oliva y las claras de huevo.

ALUBIAS RANCHERAS

Ingredientes:

1/4 de kilo de alubias

200 gramos de lomo de puerco, limpio y en trocitos

2 jitomates y 1 cebolla, molidos y colados

4 dientes de ajo, asados

Sal, pimienta y pimentón dulce

Preparación: Las alubias se remojan el día anterior y se cuecen con 4 dientes de ajo asados. En una sartén antiadherente, a fuego lento, se pone a dorar el lomo con sal y pimienta y un poquito de pimentón dulce; cuando ya está cocido se le agrega jitomate y cebolla y se deja espesar. Se agrega a las alubias. De las alubias se toman 4 cucharadas y se licuan y se vierten sobre el guiso. Se agrega sal y pimienta y se deja hervir de 20 a 30 minutos más.

Arroz, pastas y tortillas

ARROZ BERMUDA

Ingredientes:
1 taza de arroz
2 chiles poblanos, en rajitas
1 taza de elotes desgranados, crudos y muy tiernos
1 cebolla chica, picada
1 taza de queso panela, desmoronado
1 taza de leche descremada
1 taza de caldo de pollo, desgrasado
Aceite de maíz
Sal y pimienta

Preparación: El arroz se pone a remojar en agua caliente durante 15 minutos y se escurre. En una cacerola se pone una cucharada sopera de aceite de maíz y se dora el arroz. Se le agregan: cebolla, elotes y chiles; también caldo y leche hirviendo, sal y pimienta. Cuando suelte el hervor se baja el fuego y se tapa hasta que el arroz esté cocido. Si se requiere un poquito más de líquido, se puede utilizar leche hirviendo. Se sirve caliente, con queso desmoronado encima.

ARROZ CON PESCADO

Ingredientes:

1 kilo de róbalo (o de otro pescado) en trozos, sin piel
Taza y media de arroz
1/2 taza de puré de jitomate
2 tazas y media de agua caliente
3 cucharadas de perejil picadito
3 cucharadas de cebolla picadita
1/2 cucharadita de azafrán
2 dientes de ajo, picados
Aceite de maíz

Preparación: El arroz se pone a remojar en agua caliente, durante 15 minutos, y se escurre. En una sartén antiadherente, con una cucharada de aceite de maíz, se van pasando los trozos del pescado, ya limpios y con sal. En la misma sartén se dora el arroz, y se va agregando cebolla, ajo y perejil. En una cacerola extendida se vacía lo de la sartén y se agrega el jitomate; en seguida se vierten los trozos del pescado, el azafrán y el agua hirviendo, sal y pimienta. Cuando suelte el hervor se baja el fuego y se tapa hasta que se cueza.

ARROZ CON BERENJENAS

Ingredientes:
   Una taza y media de arroz
   3 berenjenas, peladas y rebanadas
   1/2 taza de queso parmesano, rallado
   2 jitomates de bola, en rebanadas gruesas y sin semilla
   1 diente de ajo
   3 tazas de caldo de pollo, desgrasado
   Un trocito de cebolla
   1 ramita de perejil
   Sal y pimienta

Preparación: El arroz se pone a remojar en agua caliente, durante 15 minutos, se enjuaga y se escurre. En una sartén antiadherente se tuesta el arroz con el ajo y la cebolla. Se le agrega el caldo hirviendo, el perejil y la sal. Cuando rompe el hervor se baja el fuego y se tapa hasta que esté cocido y el líquido se haya consumido.

Las berenjenas se extienden en un platón, se espolvorean con sal y se dejan escurrir media hora; hay que probarlas, quitando las amargas. Se meten al horno, a 350°C, y se voltean a los 5 minutos. Se sacan a los 10 minutos y se les ponen las rebanadas de jitomate encima, con sal y pimienta, y una capa de arroz y queso parmesano, y luego otra capa de berenjenas y jitomate, hasta terminar con arroz y queso parmesano. Se mete al horno sólo a que se dore. Se sirve muy caliente y recién hecho.

ARROZ CON POBLANOS

Ingredientes:
  Una taza y media de arroz
  10 chiles poblanos, asados, desvenados y pelados
  Un pedazo de cebolla molida
  1 diente de ajo, molido
  3 tazas de caldo de pollo, desgrasado
  1/2 kilo de queso panela, descremado
  Queso parmesano, rallado
  2 cucharadas de mantequilla sin sal
  Sal y pimienta

Preparación: El arroz se pone a remojar en agua caliente, durante 15 minutos, se enjuaga y se escurre. En una sartén antiadherente se tuesta el arroz con el ajo y la cebolla. Se le agrega el caldo hirviendo, el perejil y la sal. Cuando rompe el hervor se baja el fuego y se tapa hasta que esté cocido, y el líquido se haya consumido.

En un trasto refractario se pone una capa de arroz y se acomodan los chiles poblanos, sin el rabo y enrollados con una raja de queso panela adentro. Se pone otra capa de arroz, pimienta y queso parmesano, y se mete al horno durante 20 minutos, y cuando se saca, todavía muy caliente, se le ponen los trocitos de mantequilla y se sirve caliente.

ARROZ POBLANO

Ingredientes:
  Una taza y media de arroz
  3 chiles poblanos, desvenados y molidos en crudo
  1 diente de ajo, molido
  Un pedazo de cebolla molida
  2 tazas y media de caldo de pollo, desgrasado
  100 gramos de queso panela, desgrasado
  1 taza de elote tierno, desgranado
  Aceite de maíz
  Sal y pimienta

Preparación: El arroz se tuesta en una cacerola con media cucharada de aceite de maíz, una vez que se ha lavado. Se le agrega el elote y se revuelve durante 5 minutos; en seguida se le agrega chile, ajo y cebolla (licuados); se deja que hierva un poquito y se añade el caldo hirviendo. Una vez que suelte el hervor, se salpimienta, se tapa y se baja el fuego hasta que queda bien cocido; se sirve caliente, y se espolvorea con el queso.

ARROZ CON ATÚN

Ingredientes:
  1 taza de arroz
  1 taza de caldo de pescado
    desgrasado
  1 taza de agua caliente
  1/2 cebolla

  1 lata de atún desbaratado
  2 chiles poblanos, asados
    y desvenados
  Sal y pimienta

Preparación: Se licuan cebolla, chiles, sal y pimienta. Se cuece el arroz con el agua y el caldo de pescado. Después se le revuelve lo que se licuó con el atún y se mete en un refractario al horno caliente, durante 10 o 15 minutos.

115

ARROZ CON ESPINACAS

Ingredientes:

1 taza de arroz

Las hojas de un manojo
de espinacas, picadas

1 cucharada de cebolla
picada

1 diente de ajo, picado

1 taza de agua caliente

1/4 de taza de queso
parmesano, rallado

1 taza de caldo de pollo,
desgrasado

Aceite de maíz

Preparación: En una sartén antiadherente, con media cucharada de aceite de maíz, se pone cebolla y ajo; y cuando estén medio dorados se agrega el arroz y se mueve constantemente, durante 10 minutos. Se le agrega espinaca, caldo y agua hirviendo; cuando suelta el hervor se espolvorea con sal y pimienta. Se baja el fuego y se tapa, y cuando ya está cocido se le pone una cucharada de mantequilla, en trocitos, encima; se espolvorea con queso y se sirve.

ARROZ CON CALAMARES

Ingredientes:

400 gramos de arroz

2 calamares

1 pimiento verde y 1 rojo

1 cebolla y 2 tomatitos picados

Azafrán, pimentón,

sal y pimienta

Preparación: Los calamares bien lavados, limpios y cortados en pedazos, se cuecen en una sartén antiadherente, se retiran y se pone la cebolla a dorar y se agregan pimientos en trocitos y tomates picados, sal y pimienta, y a fuego lento se deja espesar; entonces se agregan los calamares.

El arroz se dora con un ajo y se agrega la mezcla de la sartén, y después de 2 minutos se agrega agua hirviendo (2 tazas de agua por una de arroz), además pimentón y una cucharadita de azafrán. Cuando suelta el hervor se le baja al fuego y se tapa, revisándolo a los 10 minutos, y si ya está casi cocido se apaga.

PAELLA DE VEGETALES

Ingredientes:
   400 gramos de arroz
   1/2 litro de caldo de pollo, desgrasado
   200 gramos de champiñones
   1 cebolla mediana, picada
   2 pimientos verdes, en rajas
   3 dientes de ajo
   1/4 de kilo de chícharos verdes y sin cáscara
   200 gramos de ejotes verdes
   2 tomates maduros
   1/2 taza de perejil picado
   Canela en polvo
   1 cucharada de azafrán
   Aceite de maíz

Preparación: En una sartén antiadherente, con una cucharada sopera de aceite de maíz, se agregan: cebolla, pimientos, ejotes cortados a la mitad y ajos. Se retiran a los 10 minutos, se colocan ahí champiñones en rebanadas durante 5 minutos y se retiran; se añade jitomate molido, se retira hasta que se espese. Se tuesta el arroz y se agregan los chícharos; en seguida se vierten todos los ingredientes, incluyendo el caldo hirviendo. Cuando hierve todo junto se añaden azafrán, sal, pimienta y un poquito de canela en polvo. Se tapa y se deja a fuego bajo hasta que se termine de cocer.

ESPAGUETI CON PEREJIL

Ingredientes:
  1 paquete de espagueti
  2 cucharadas de harina
  1 cebolla pequeña, picada
  2 vasos de leche descremada
  1 diente de ajo, picado
  1/2 taza de perejil picado
  Salsa de soya
  4 claras de huevo duro, picadas
  1/4 de taza de queso parmesano, rallado
  Aceite de maíz
  Sal y pimienta

Preparación: En agua hirviendo con un trozo de cebolla se pone a cocer el espagueti, partido en 2; se enjuagan y se dejan en una coladera.

En una sartén antiadherente, con media cucharada de aceite de maíz, se dora cebolla con ajo y se agrega harina, moviendo hasta que se doren un poco; se añade leche, perejil, clara y un chorro de salsa de soya.

Se sigue moviendo con una cuchara de palo, hasta que suelte el hervor, se deja un minuto más; se agrega sal y pimienta. Se vacía sobre los espaguetis, se rocía con queso parmesano y, si se desea, se meten al horno caliente y se dejan 15 minutos a 200°C, o bien a fuego muy bajo, sobre la estufa, tapados durante 20 minutos.

MACARRONES CON PICADILLO

Ingredientes:
  400 gramos de macarrones
  200 gramos de carne molida
  100 gramos de jamón
  Queso parmesano
  4 cucharaditas de mantequilla
  Un poco de orégano seco
  1 cebolla pequeña, picadita
  300 gramos de jitomates maduros
  Sal y pimienta

Preparación: En una olla con agua hirviendo y sal, se vacían los macarrones partidos y se mueve. Se dejan cocer de 20 a 25 minutos, se enjuagan con agua y se escurren. En una sartén antiadherente se dora cebolla, se agrega carne molida, sal, pimienta, un poquito de orégano seco y jamón picadito. Cuando la carne está cocida, se retira el picadillo y ahí se pone a hervir jitomate molido y colado hasta que espese; se salpimienta. En un refractario se ponen los macarrones bien escurridos, una capa de picadillo y otra de jitomate, terminando con una capa de macarrones; se espolvorea con parmesano y se mete de 10 a 15 minutos al horno, precalentado a 200°C. Cuando se saca se le pone mantequilla encima.

ESPAGUETI BORDALESA

Ingredientes:
   1 paquete de espagueti
   6 jitomates maduros, picados y en trocitos
   4 berenjenas
   250 gramos de champiñones
   Queso parmesano
   2 cucharadas de aceite de oliva
   Ajos picaditos
   Aceite de maíz
   Sal y pimienta

Preparación: Se pelan las berenjenas y se prueban para que no vaya ninguna amarga; se cortan en trocitos y se les pone sal para que suelten el agua. En una sartén antiadherente, con media cucharada de aceite de maíz, se dora ajo y se agregan las berenjenas (bien escurridas) y los jitomates, sal y pimienta, revolviendo hasta que se cueza. Por separado se ponen en una sartén hongos rebanados y se mueven constantemente de 5 a 10 minutos; después se agregan las berenjenas. El espagueti se cuece en suficiente agua salada, se enjuaga y se escurre y se pone en una cacerola a fuego bajo; se agrega sal, pimienta y perejil picadito. Ya que esté caliente se separa del fuego y se le revuelve con aceite de oliva y queso; se le vacía encima el contenido de la sartén. Se sirve en seguida.

ESPAGUETI VERDE

Ingredientes:
  1 paquete de espagueti
  5 chiles poblanos, asados y desvenados
  2 dientes de ajo
  Un pedazo de cebolla
  Un manojo de cilantro
  1 taza de elotes desgranados
  4 cucharaditas de mantequilla
  Queso parmesano
  Sal y pimienta

Preparación: El espagueti se pone a cocer en agua hirviendo, con sal y un trozo de cebolla; cuando ya está cocida se enjuaga, se escurre y se le quita la cebolla.

Se licuan los poblanos, el ajo, la cebolla y el cilantro y se pone en una sartén antiadherente hasta que hierva. Poco después se vacía sobre el espagueti y se pone al fuego o al horno precalentado a 200°C, de 10 a 15 minutos, al cabo de los cuales se apaga y se le revuelven 4 cucharaditas de mantequilla sin sal y el queso parmesano.

ESPAGUETI CON ALBÓNDIGAS

Ingredientes:

1 paquete de espagueti
300 gramos de carne molida, magra
3 cucharadas de cebolla picadita
2 tazas de puré de jitomate
2 cucharadas de mantequilla
Un pedazo de cebolla
Un diente de ajo, molido
Sal y pimienta

Preparación: El espagueti se pone a cocer con bastante agua hirviendo, sal y un pedazo de cebolla; cuando ya está cocido se enjuaga, se escurre y se le quita la cebolla.

En una cacerola se revuelve carne molida con cebolla, ajo, sal, pimienta, y se forman unas bolitas. En otra cacerola se pone a hervir el jitomate molido, y cuando está medio espeso se le van poniendo las bolitas de carne hasta que se cuezan y la salsa espese; los espaguetis se ponen en una cacerola en el fuego, con sal y pimienta; cuando estén calientes se apaga el fuego y se les revuelve la mantequilla, y se sirven las porciones en los platos regándoles por encima las raciones de la salsa y se le espolvorea queso parmesano.

CANELONES DE ESPINACAS

Ingredientes:

15 canelones

3 tazas de espinacas cocidas y picaditas (se oprimen para
que se les salga todo el líquido)

1 cucharada de cebolla molida

2 tazas de jitomate, molido y colado

2 dientes de ajo, molidos

1 taza de queso parmesano, rallado

2 cucharadas de mantequilla sin sal

Nuez moscada

Aceite de maíz

Sal y pimienta

Preparación: Los canelones se ponen a hervir en abundante agua para que no se peguen, con sal y un trozo de cebolla; ya que estén cocidos (no muy cocidos) se retiran del fuego y se sacan con una espumadera, uno por uno, y se acomodan en un refractario.

En una cacerola untada con aceite de maíz se pone el jitomate, la sal, la pimienta y se deja hervir hasta que espese. En una sartén antiadherente se ponen espinacas picadas, con ajo y cebolla molidos, y pimienta, y si se quiere un poquito de nuez moscada rallada; se sazona durante 10 minutos. Con esto se rellenan los canelones y se les vierte encima la salsa de jitomate y el queso parmesano. Se meten al horno caliente, a 200°C, sólo a que se doren. Al servirlos ponga la mantequilla en pedacitos.

ENSALADA DE TALLARINES

Ingredientes:
1 paquete de tallarines
2 cucharadas de cebolla picadita
1 pimiento verde, picadito
1 lata de atún desmenuzado
1 cucharada de mostaza
1/2 cucharadita de azúcar
1 cucharadita de vinagre de manzana
El jugo de un limón
3 cucharadas de aceite de oliva
Un pedazo de cebolla
Sal y pimienta

Preparación: En agua hirviendo con sal y cebolla, se ponen los tallarines a cocer; ya cocidos se enjuagan en agua fría, se escurren y se acomodan en una ensaladera. Se mezclan en un tazón: mostaza, vinagre, azúcar, aceite, sal y pimienta y se agregan cebolla y pimiento. Esta mezcla se vacía sobre los tallarines; en tanto el atún se revuelve con jugo de limón y se agrega también al resto de los ingredientes, mezclando bien. Debe reposar media hora antes de servirlo. Sírvase frío.

TALLARINES CON MERO
(O CON PESCADO)

Ingredientes:
   1 paquete de tallarines
   300 gramos de lomo de mero, en trocitos
   6 cebollines
   3 cucharadas soperas de aceite de oliva
   1 diente de ajo, picado
   1 cucharada de albahaca fresca y picada
   Sal y pimienta

Preparación: Cueza los tallarines en agua hirviendo con sal. Escúrralos. Salpimiente el pescado. Dórelo en una sartén antiadherente y retírelo. En la sartén dore el ajo y los cebollines con sus respectivas colas verdes en trozos. Déjelos durante 10 minutos. En una cacerola revuelva: tallarines, pescado, y el contenido de la sartén. Déjelo de 5 a 10 minutos a fuego medio, y añada la albahaca picada y el aceite de oliva después de retirarlo del fuego. Mezcle y sírvalo caliente.

CANELONES CON PUERROS

Ingredientes:

6 canelones

4 puerros

1 cucharada sopera
de aceite de maíz

1 cucharada sopera de harina

1 vaso de leche descremada

1 jitomate molido

6 cucharadas de queso
parmesano, molido

Sal y pimienta

Preparación: El jitomate molido se hierve hasta que espese. Los canelones se cuecen en agua hirviendo con sal y se escurren. Se toman las partes más verdes y las raíces de los puerros y se cuecen a fuego bajo. En una sartén antiadherente se pone la harina y se voltea con una cuchara de madera; se añade leche poco a poco sin dejar de mover; se cuece 6 minutos, y se agrega la pasta del jitomate. Rellene los canelones con los puerros cocidos y vierta encima la salsa bechamel con el jitomate; espolvoree parmesano y gratine al horno. Sírvalo caliente.

MOLDE DE TORTILLAS

Ingredientes:

1/4 de litro de yogur
sin sabor

1 huevo

12 tortillas

2 chiles poblanos, en rajas

1/2 cebolla picadita

250 gramos de queso panela

Sal y pimienta

Preparación: Bata el huevo y mézclelo con el yogur. Moje las tortillas, una por una, en la mezcla, y vaya acomodándolas en un molde para horno.

Agregue las rajas, la cebolla y el queso, y ponga otra capa de tortillas. Termine con una capa de queso. Meta al horno durante 20 minutos.

TACOS DE PESCADO

Ingredientes:
  1/2 *kilo de lomo de pescado*
  3 *cucharadas de perejil picadito*
  1/2 *taza de aceitunas picadas*
  1 *cebolla chica, picada*
  4 *jitomates grandes, molidos y colados*
  1 *diente de ajo, picado*
  1 *cucharada de aceite de oliva*
  1 *hoja de laurel*
  1 *cucharada de orégano seco*
  1 *cucharada de vinagre*
  Aceite de maíz
  Sal y pimienta

Preparación: El pescado se pone a cocer a fuego bajo, con sal, pimienta, orégano y laurel en una cacerola antiadherente, con media cucharada de aceite de maíz; cuando está listo se desmenuza.

En otra cacerola, con media cucharada de aceite de maíz, se pone cebolla y ajo, a fuego medio y cuando están transparentes se les agrega el jitomate molido y colado, la sal y la pimienta y se deja espesar; entonces se agrega el perejil; en seguida se pone el pescado. Se deja hervir hasta que la salsa se consuma. Al final se revuelven las aceitunas, el vinagre y el aceite de oliva.

Con este picadillo se van rellenando las tortillas de maíz recién hechas. Se puede acompañar con salsa verde.

ENTOMATADAS A LA TAMPIQUEÑA

Ingredientes:

1/2 kilo de jitomate

4 chiles serranos

2 dientes de ajo,
   y cominos al gusto

1 pechuga de pollo hervida,
   sin la piel y desmenuzada

100 gramos de queso panela

12 tortillas

1 cebolla chica, picada

1/2 lechuga

1/2 manojo de rabanitos

Preparación: Prepare una salsa muy condimentada con jitomate, chiles, ajos, sal y cominos, y póngala a hervir hasta que espese. Meta las tortillas, una por una, en la salsa y rellénelas con el pollo, doblándolas a la mitad. Vierta encima la salsa sobrante, el queso y la cebolla picada. Adorne alrededor con lechuga y rabanitos.

ENCHILADAS TAMAULIPECAS

Ingredientes:

1/2 kilo de tortillas

4 chiles anchos, desvenados
   y remojados

300 gramos de queso panela,
   descremado

1/2 taza de cebolla picadita

1 diente de ajo

1 clavo

1 pechuga sin piel,
   cocida y deshebrada

Preparación: Los chiles se muelen con el ajo y sus semillas que previamente se habían tostado, se añade el agua donde se remojaron los chiles, clavo, sal y pimienta; se cuela y se pone a hervir hasta que espese. Las tortillas se van metiendo en la salsa, se rellenan con pollo y se espolvorea queso y cebollita.

Pescado

LOMOS DE SIERRA CON HABAS

Ingredientes:

4 filetes de sierra
1 kilo de habas
1/2 taza de cebolla picadita
2 cucharadas de aceite de maíz
2 hojas de laurel

3 cucharadas soperas
   de perejil picado
1 limón
Un poco de harina
Sal y pimienta

Preparación: Salpimiente los filetes y páselos por la harina. Sacúdalos bien. En una sartén antiadherente ponga una cucharada de aceite con un diente de ajo y laurel, a fuego bajo. Dore uno por uno cada filete (5 minutos por cada lado). En agua hirviendo meta las habas sin ninguna cáscara, y cuando vuelva a hervir retírelas del fuego y escúrralas. Agrégueles jugo de limón, cebolla, perejil, sal y pimienta. Se sirven juntos.

CHERNA CON SALSA VERDE
O PESCADO EN SALSA VERDE

Ingredientes:

4 rebanadas gruesas de cherna
7 hojas de acuyo
1 manojo de cilantro
Vinagre
Aceite de maíz

Perejil y tomillo
1 chile jalapeño, crudo
3 dientitos de ajo
9 tomates verdes
Sal y pimienta

Preparación: Licue 3 hojas de acuyo con ajos, perejil, chile (sin semillas), tomates verdes, un chorro de vinagre, cilantro, tomillo, sal y pimienta, cuele en una cacerola con una cucharadita sopera de aceite de maíz hasta que hierva. Cuando empiece a espesar introduzca las rebanadas de pescado previamente envueltas en una hoja de acuyo, sostenido con un palillo. Se deja hervir sin tapar durante 10 minutos; se voltea y se tapa otros 10 minutos y se apaga.

PESCADO SAVOY

Ingredientes:

6 filetes de pescado
1/2 litro de agua
1 cucharada de vinagre
1 hoja de laurel
2 pimientas enteras

1/4 de kilo de camarones cocidos
 y pelados
1 cebolla chica
1 cucharada de limón
1 cucharada de pasta de anchoas
Sal

Preparación: En una cacerola con medio litro de agua hirviendo se agrega cebolla, laurel, sal, vinagre y pimientas. Cuando suelta el hervor se colocan los filetes con cuidado y se baja el fuego, y a los 10 minutos se voltean. Una vez cocidos se colocan en una cacerola caliente y se vierte la siguiente salsa encima. Se desbarata la pasta de anchoas con limón, pimientas y 4 cucharadas del agua donde se coció el pescado y se pone a fuego bajo, y cuando suelta el hervor se le ponen los camarones, se espera que vuelva a soltar el hervor y se riega sobre el pescado. Se sirve caliente.

CAZUELA DE PESCADO

Ingredientes:

4 rebanadas de pescado fresco
2 jitomates maduros
1 diente de ajo

Perejil picadito
2 cucharadas de aceite de oliva
Sal y pimienta

Preparación: Se lava el pescado, se le espolvorea sal y pimienta y se deja reposar. En una cacerola se pone jitomate previamente asado y picado, ajo y perejil y se deja hervir hasta que espese y ahí se introducen las rebanadas de pescado; se deja hervir escasos minutos y se retira del fuego, regándole encima el aceite de oliva crudo.

PESCADO A LA ITALIANA

Ingredientes:

1 kilo de lomo de pescado
1/4 de taza de pan molido
2 jitomates grandes, pelados
 y picados
1 tronco de apio
3 cucharadas de cebolla picada

6 hojitas de romero
2 cucharadas de harina
200 gramos de champiñones
 limpios y rebanados
3 tazas de caldo de pescado
Aceite de maíz
Sal y pimienta

Preparación: Los lomos de pescado limpios, se colocan en un refractario con sal, pimienta, pan molido y jitomate picado. A una taza del caldo de pescado se agrega romero, apio, sal y pimienta y se pone a hervir durante 10 minutos, tapado, y después se cuela encima del pescado que está en el horno. En una cacerola, con una cucharada de aceite de maíz, se dora harina y se le agregan los champiñones rebanados y el caldo de pescado sin dejar de mover hasta que espese y esto se vierte sobre el pescado unos 5 minutos antes de sacarlo del horno.

SIERRA AL HORNO

Ingredientes:

4 lomos de sierras
4 dientes de ajo, picaditos
2 cebollas rebanadas
12 aceitunas

2 jitomates rebanados, sin semilla
2 cucharadas de perejil picado
El jugo de un limón
4 cucharadas de aceite de oliva

Preparación: Se mezcla sal, pimienta y el jugo de limón, con ajo y perejil, con lo cual se untan los lomos. Se acomodan en un refractario y se ponen por encima las rebanadas de jitomate y cebolla. Se hornean de 20 a 30 minutos, a 200°C, y cuando se saca se le vierte el aceite de oliva. Se sirven calientes.

133

PESCADO A LA VINAGRETA

Ingredientes:

Un lomo de pescado de 400 gramos
50 gramos de aceitunas picadas
25 gramos de pepinillos
  en vinagre
2 huevos duros, picados

6 pimientos picados
1 taza de perejil picado
Vinagre de yema
Sal, pimienta, laurel
  y un trozo de cebolla

Preparación: Se hierve el pescado unos minutos con sal y laurel, envuelto en un lienzo delgado de tela, cuidando que se cueza. Se mete al refrigerador con un poquito del caldo en que se coció; se le agrega sal y pimienta y se le rocía una cucharada de aceite de oliva. Se pica todo y el pescado se adorna con una hilera de pimiento rojo, otra con la clara, junto con las aceitunas y los pepinillos, otras con el pimiento picado, y en el centro la yema picada. Se rocía con vinagre, sal, pimienta y otra cucharada de aceite de oliva. Se sirve frío.

RÓBALO AL PEREJIL

Ingredientes:

4 rebanadas de róbalo
3 dientes de ajo
Un manojo de perejil

Harina
Sal, pimienta y pimentón

Preparación: Se salpimientan y enharinan las rebanadas de róbalo y se sacuden y se doran una por una en una sartén antiadherente, a fuego bajo, y se retiran. En la misma sartén se doran los ajos y el perejil picaditos; entonces se colocan en una cacerola las rebanadas del pescado, agregando los ajos y el perejil, la sal y la pimienta; se espolvorea el pimentón y media taza de caldo de pescado o de agua. Se deja hervir 5 minutos y se sirve.

PESCADO EN ESCABECHE

Ingredientes:

5 rebanadas de pescado
1 cucharada de harina
4 dientes de ajo, enteros
1 cebolla en rodajas
4 clavos
6 pimientas enteras

1/2 taza de aceitunas
Un ramito de hierbas de olor
1/4 de taza de vinagre
Rajas de chile jalapeño, crudo
Sal

Preparación: El pescado limpio se espolvorea con sal y harina, se sacude y se dora cada rebanada en una sartén de teflón a fuego lento, sin que se cueza mucho, y se van acomodando las rebanadas en una cacerola. En una sartén antiadherente se doran: la cebolla, los ajos, las pimientas, los clavos y las hierbas de olor. A los 10 minutos se agrega el vinagre y la sal; se deja hervir 5 minutos, y si se necesita se agrega un chorrito de agua para hervir; se vacía sobre el pescado y se tapa. Se deja hervir a fuego lento unos 10 minutos. Agregue las aceitunas y las rajas.

PICADILLO DE ATÚN

Ingredientes:

2 tazas de atún
1 cebolla picada
2 jitomates pelados, picados
y sin semilla
Un poco de orégano seco

1/2 taza de perejil picado
6 alcaparras picadas
1 diente de ajo, picado
10 aceitunas en rajitas
Aceite de maíz

Preparación: En una cacerola, con media cucharada de aceite de maíz, se ponen jitomate, cebolla, ajo y perejil y se dejan 10 minutos; se agrega atún desmenuzado, un poquito de orégano seco y alcaparras, a fuego bajo y tapado se deja otros 10 o 15 minutos. Se agregan aceitunas y aceite de oliva y se apaga. Este picadillo se puede utilizar para hacer tacos, rellenar chiles o poner sobre arroz blanco.

PESCADO EN SALSA DE PIMIENTO

Ingredientes:
   1 kilo de lomo de pescado fresco
   5 pimientos rojos, asados y desvenados
   3/4 de kilo de jitomate, sin la semilla
   1/2 kilo de cebollas rebanadas
   3 cucharadas de aceite de oliva
   Aceite de maíz
   Sal y pimienta

Preparación: Se cuecen los jitomates, sin semilla, y se sacan cuando estén listos; esa misma agua sirve para cocer en ella los pimientos.

En una sartén antiadherente, con media cucharada de aceite de maíz, se pone cebolla y se voltea, hasta que se marchita. Se licuan jitomates, pimientos y cebolla, con un poquito del agua donde se cocieron; esto se cuela en una cacerola y se hierve hasta que espese.

En un refractario se acomoda el lomo de pescado con sal y pimienta y se hornea a 250°C, durante 20 minutos; al cabo de los cuales se saca y se le vierte la salsa encima. Se vuelve a meter al horno hasta que se cueza el pescado; entonces se saca y se le riega aceite de oliva encima y se sirve.

PESCADO A LA VERACRUZANA

Ingredientes:
 6 rebanadas de pescado
 1 cebolla grande, picadita
 1 kilo de jitomate molido y **colado**
 12 alcaparras
 2 chiles poblanos, asados, *desvenados y en rajas*
 2 cucharadas de aceite de oliva
 3 hojas de laurel
 3 dientes de ajo, picados
 Aceite de maíz
 Sal y pimienta

Preparación: Se lavan las rebanadas de pescado y se colocan en un refractario; se les agrega sal, pimienta, ajo y laurel y se hornean a 250°C, durante 15 minutos. Mientras tanto, en una cacerola, con media cucharada de aceite de maíz, se marchita la cebolla y se le agrega jitomate, sal y pimienta y se deja a que espese. Se saca el pescado del horno y se cubre con la salsa, las alcaparras y las rajas de poblano. Se mete de nuevo al horno a que se termine de cocinar el pescado; entonces se saca y se le rocía el aceite de oliva y se sirve.

PAQUETE DE PESCADO

Ingredientes:

8 filetes de pescado
1 y 1/2 taza de jitomate molido
   y colado
2 cucharadas de cebolla picada
2 cucharadas de pimiento verde, picado
1 diente de ajo

El jugo de un limón
1 cucharada de apio
   picado
Papel de estaño
Aceite de maíz
Sal y pimienta

Preparación: El pescado ya limpio se pone en un refractario con jugo de limón, sal, pimienta y un diente de ajo machacado. En una cacerola, con media cucharada de aceite de maíz, se ponen: cebolla, apio y pimiento, y cuando está transparente se agregan jitomate, sal, pimienta, y se deja espesar. El papel se corta en cuadros y en cada cuadro se coloca una rebanada de pescado con salsa y se envuelve en paquetes; se meten al horno en un refractario con una taza de agua, a 200°C durante 30 o 40 minutos.

DELICIA DE PESCADO

Ingredientes:

1 kilo de lomo de pescado,
   cortado en trozos de 5 cm
   de ancho aproximadamente
3 hojas de laurel, trituradas
1 cucharada de azafrán
   remojado en un poquito
   de agua

4 cucharadas de perejil picado
4 cucharadas de cebolla picada
1 cucharada de ajo picadito
El jugo de un limón
3 cucharadas de aceite de oliva
Sal y pimienta

Preparación: El pescado se pone a reposar con todos los condimentos, durante 1 hora; y se mete al horno caliente 30 minutos, o lo que requiera. Cuando se sirve se le añade el aceite de oliva.

PESCADO EN FRÍO

Ingredientes:

8 rebanadas de pescado
1 ramito de hierbas de olor
1 huevo cocido, picadito
1 ramo de perejil picado
2 jitomates pelados, sin semilla y picaditos
1/2 taza de aceitunas
1 aguacate grande, en rebanadas delgadas
1/2 taza de cebolla picadita
3 cucharadas de aceite de oliva
1 diente de ajo
1/4 de taza de vinagre de yema
El jugo de un limón
Aceite de maíz
Sal y pimienta

Preparación: El pescado, ya limpio, se cubre con limón, sal, pimienta y un diente de ajo machacado y se deja reposar media hora; después se va semidorando cada rebanada, en una sartén antiadherente con media cucharada de aceite de maíz, y se van acomodando en un platón por encima del ramito de hierbas. Se mezclan: jitomate, huevo, perejil, sal, pimienta, aceitunas, aceite de oliva y vinagre y se le añade por encima al pescado; se adornan con las rebanadas de aguacate cuando se vaya a servir, ya que antes se debe dejar de 3 a 4 horas en el refrigerador. Es delicioso para los días de calor.

CAZÓN GUISADO

Ingredientes:

1/2 kilo de filetes de cazón
1/2 kilo de jitomates molidos y colados
El jugo de 2 naranjas
2 cebollas molidas

1 chile habanero
7 hojas de epazote
Sal y pimienta

Preparación: Se ponen a cocer los filetes de cazón durante 10 minutos, con un vaso grande de agua hirviendo con 2 hojas de epazote, pimienta, sal y el jugo de una naranja. Se retira el pescado del fuego y se le quita la piel. En una cacerola se ponen a hervir: jitomate, cebolla y el jugo de una naranja, y cuando está un poco espeso se agregan el cazón, las hojas de epazote, el chile desvenado y en tiritas, la sal y la pimienta. Se apaga cuando la salsa esté muy espesa y se sirve caliente.

FILETES DE PESCADO

Ingredientes:

4 filetes grandes de pescado
1 taza de chícharos verdes, pelados
150 gramos de camarones cocidos
  y pelados
1/4 de taza de perejil picado
2 cucharadas de aceite de oliva

4 zanahorias peladas
2 papas peladas
2 limones
2 ajos machacados
Sal y pimienta

Preparación: Las verduras se cortan en cuadritos y se meten cuando el agua esté hirviendo; se dejan durante 10 minutos. Los filetes de pescado se enjuagan y se escurren, igual que los camarones, y se agregan ajo, sal, pimienta y el jugo de los limones, y se dejan reposar en el refrigerador, durante 20 minutos. En un refractario se acomoda el pescado con los camarones por encima y en el centro se pone la verdura y se espolvorea sal, pimienta y perejil; se hornea por media hora, y al sacarse se le vierte el aceite de oliva.

Carnes rojas

CERDO A LA VINAGRETA

Ingredientes:
1 kilo de lomo de cerdo, limpio y en tres trozos
1 vaso de vino blanco
1/2 vaso de vinagre
12 cebollines limpios
1 cabeza de ajo, aplastada
1 ramo de hierbas de olor
1 cucharada de orégano molido
3 cucharadas de mostaza
3 claras de huevo cocido
6 cucharadas de aceite de oliva
Sal y pimienta

Preparación: El lomo se pone a marinar con vinagre, vino blanco, ajo, cebolla, hierbas de olor, orégano, sal y pimienta. Se guarda en el refrigerador por 3 días volteándolo todos los días. Al tercer día se pone a cocer en el mismo caldo donde se marinó y si es necesario se agrega un poco de agua. Debe dejarse cocer tapado hasta que se consuma bastante la salsa y se cueza muy bien. La carne se rebana y se pone en un platón a enfriar. El caldo se licua, se cuela y se le añade la mostaza; se pone a hervir durante 10 minutos. Cuando se retira del fuego se le añaden las claras picadas y se ajusta de sal y pimienta, y se pone en la salsera. Se sirve frío.

CHANCHO CON CALABACITAS

Ingredientes:

1 kilo de cerdo, magro y en pedazos
1/2 kilo de calabacitas, en trozos
1 kilo de tomates verdes, pelados
3 chiles poblanos, desvenados
3 hojas de lechuga

1 manojo de cilantro
1 diente de ajo
1 cebolla chica, en trozos
Sal y pimienta

Preparación: La carne se pone a hervir con cebolla y sal. Ya que está bien cocida se apaga. Se licuan: jitomates, chiles, cilantro, lechuga, cebolla y ajo y se hierven con sal y pimienta; a los 5 minutos se agrega la carne con un poco de su caldo, junto con las calabacitas; cuando éstas se cuecen, se apaga.

CERDO A LA ITALIANA

Ingredientes:

8 bisteces de carne magra de cerdo
2 cucharadas de vinagre
Las hojas de 1/2 manojo de cilantro
8 dientes de ajo, picados
4 cucharadas de aceite de oliva

Aceite de maíz
Sal y pimienta

Preparación: Se dejan reposar los bisteces con todos los ingredientes, por 2 horas; al cabo de las cuales se ponen a asar en el comal, untado con aceite de maíz, y cuando ya están cocidos se rocían con aceite de oliva crudo y se dejan reposar, antes de servirlos, durante 6 horas. Se sirven fríos.

CERDO A LA CANTONESA

Ingredientes:

1 y 1/2 kilo de pulpa
   de cerdo, en trocitos
2 cucharadas de cebolla
   picadita
2 dientes de ajo, molidos
2 pimientos verdes, picaditos

2 tazas de espagueti cocido
5 cucharadas de salsa de soya
1 y 1/2 taza de apio picado
1 taza de caldo de pollo,
   desgrasado
2 clavos, sal y pimienta
Aceite de maíz

Preparación: En una cacerola, untada con aceite de maíz, se ponen carne, cebolla, ajo, pimienta y clavo y como a los 10 minutos se agregan caldo hirviendo y sal, se deja a fuego lento por 65 minutos. En otra cacerola se ponen: apio, pimiento y casi en seguida se agrega maicena; se revuelve muy bien, se agrega 1 taza de agua y salsa de soya; se deja hervir 10 minutos y se vacía con la carne; se tapa y se deja hervir unos minutos a fuego lento. La carne debe estar bien cocida y tener poca salsa y es entonces cuando se vacía sobre los espaguetis cocidos y calientes.

CARNE CONFETI

Ingredientes:

1 kilo de punta de palomilla
   de res, molida
2 claras de huevo
2 cucharadas de perejil picado
1 taza de jamón crudo, picado
   u 8 alcaparras picadas

20 aceitunas picadas
2 cucharadas de pan molido
1 puño de chícharos cocidos
1 zanahoria pelada y picada
Sal y pimienta

Preparación: Se mezclan todos los ingredientes y en un refractario profundo, se meten al horno caliente y se dejan a 300°C, hasta que se cuezan.

LOMO VERACRUZANO

Ingredientes:

1/2 kilo de lomo de cerdo, limpio   1 diente de ajo
1 chile mulato, desvenado   1/2 taza de jugo de naranja
   y remojado en vinagre   Hierbas de olor
2 cebollas rebanadas   Sal y pimienta

Preparación: Se licua: chile, ajo, hierbas, sal y pimienta con el jugo de la naranja y con esto se unta el lomo y se cubre con la cebolla; se deja reposar 2 horas y se hornea 2 horas más, bañando a menudo con su propia salsa. Se sirve en rebanadas.

CALABACITAS A LA MEXICANA

Ingredientes:

1/4 de kilo de carne magra de puerco, en trocitos
1/2 kilo de calabacitas tiernas, en trocitos
2 jitomates sin piel y picaditos
2 chiles poblanos, asados, desvenados y en rajas
1/2 cebolla picadita
1 diente de ajo picadito
300 gramos de queso panela, descremado
1 taza de granos de elotes tiernos
Aceite de maíz
Sal y pimienta

Preparación: En una cacerola, con media cucharada de aceite de maíz, se dora la carne y se le agrega jitomate, cebolla, ajo, y después de 30 minutos se agregan las calabacitas y el elote, a fuego medio, semitapado, y cuando esté cocido todo se agregan las ramas de chile. Al servirse se pone el queso en rebanadas.

LOMO DE CERDO GUISADO

Ingredientes:
  1/2 kilo de lomo de cerdo, limpio y molido
  50 gramos de jamón cocido, en tiritas
  2 claras de huevos cocidos, picadas
  25 gramos de pasas
  1 puño de almendras fileteadas
  15 alcaparras picadas
  15 aceitunas picadas
  2 jitomates pelados y rebanados
  1 cebolla mediana, rebanada
  1/2 vaso de vino tinto
  Aceite de maíz
  Canela, clavo, sal y pimienta

Preparación: La carne se revuelve con sal, pimienta, canela, clavo, vino y una cucharada de aceite de maíz, y se extiende (1 centímetro de grueso) sobre un trapo de cocina húmedo; se rellena con todos los ingredientes, excepto con el jitomate y la cebolla; y se enrolla, se amarra y se pone a cocer en poca agua hirviendo con sal, vinagre y un trozo de cebolla. Al cabo de 2 horas se revisa si ya se coció, se deja enfriar y se rebana y se le agrega encima jitomate y cebolla y una mezcla de sal, pimienta, vinagre de yema, 2 cucharadas de aceite de oliva, un poco del caldo donde se coció la carne, una pizca de clavo y otra de canela.

LOMO DE CERDO CON HABAS

Ingredientes:
  1 taza de habas secas, sin las 2 cáscaras
  1/4 de kilo de lomo de cerdo, limpio
  1 cebolla en rebanadas
  2 hojas de laurel
  1 rama de tomillo
  Sal y pimienta

Preparación: En agua hirviendo se ponen a cocer las habas a fuego lento, durante 1 hora. En un molde refractario se mete el lomo a hornear con sal y pimienta. Cuando esté dorado se agregan las habas y el resto de los ingredientes y media taza del agua donde se cocieron las habas y se vuelve a hornear hasta que la carne quede bien cocida.

ESTOFADO DE CARNE

Ingredientes:
  700 gramos de lomo redondo o similar
  5 zanahorias
  1/2 kilo de chícharos pelados
  1 cebolla mediana
  2 dientes de ajo
  3 hojas de laurel, tomillo, orégano, perejil, sal y pimienta

Preparación: La carne se corta en trocitos, y en una cacerola que no sea de aluminio se agrega cebolla y ajos picados, sal y pimienta, y a fuego bajo y tapado se deja cocinar más de una hora; entonces se agregan las zanahorias en rueditas, chícharos y todas las hierbas de olor indicadas, y se deja terminar de cocer.

HAMBURGUESAS

Ingredientes:
  400 gramos de carne molida (punta de palomilla)
  1 manojo de perejil picadito
  1 cebolla picadita
  Sal y pimienta

Preparación: Se revuelve todo muy bien y se forman las hamburguesas; se ponen en una sartén antiadherente a fuego medio, destapadas; se voltean cuando hay abundante líquido por arriba.

BISTECES A LA SUIZA

Ingredientes:
  4 bisteces de 5 cm de espesor
  1 cebolla picada
  1 pimiento rojo, picado
  2 jitomates molidos y colados
  2 cucharadas de harina
  Aceite de maíz
  Sal y pimienta

Preparación: Se pone a hervir el jitomate hasta que espese. Se mezcla harina, con sal y pimienta, y con esto se enharina la carne; se sacude bien y se coloca en una cacerola con una cucharada de aceite de maíz, cebolla y pimienta, a fuego lento, durante 2 horas, y si es necesario se les pueden ir agregando pequeños chorritos de agua caliente. Se sirven con una ensalada verde.

PASTEL DE CARNE

Ingredientes:

1 kilo de punta de palomilla, molida
2 tazas de pan en cuadritos
1 taza de leche descremada
1 huevo crudo, batido
1 taza de zanahorias crudas, ralladas
1/2 pimiento verde, picadito
1 taza de apio picado
1 cucharada de aceite de maíz crudo
1 cucharadita de albahaca picada
Sal y pimienta

Preparación: En un recipiente remoje pan con leche y forme una pasta. Añada huevo a la carne molida y agréguele pimiento, zanahoria, apio, sal, pimienta y albahaca, aceite y el pan con leche. Mezclado muy bien, métalo en un molde de pan de aproximadamente 25 × 13 × 8 centímetros. Hornee a 150°C (300°F), durante 1 hora, o hasta que se cueza (picarlo con un tenedor y que salga limpio).

VACA ESTILO BEHAVENTE

Ingredientes:

6 filetes de vaca	3 cucharadas de perejil picado
1 cebolla	1 diente de ajo
1 hoja de laurel	Sal y pimienta

Preparación: Se colocan en una cacerola los filetes espolvoreados con sal y pimienta y se les pone encima cebolla, laurel, ajo y perejil picados; se dejan estofar a fuego lento; se destapan cuando están casi cocinados. Se sirven con la salsa encima.

ROLLO PRINCESA

**Ingredientes*:
1 kilo de punta de palomilla de red, limpia y molida
50 gramos de jamón crudo
2 claras de huevo
1 cebolla partida en dos
1 diente de ajo
Un chorro de vinagre
Una ramita de hierbas de olor
Aceite de maíz
Sal y pimienta

**Salsa*:
2 cucharadas de mostaza
1 cucharadita de vinagre de manzana
1 cucharada de perejil picadito
3 claras de huevos cocidos, picaditas
4 cucharadas de aceite de oliva
Sal y pimienta

***Preparación*: Se muele la carne con el jamón dos veces y se le agregan las claras, la sal y la pimienta, se forma un rollo; se envuelve en un trapo de cocina húmedo, se amarra fuerte y se pone a cocer en agua hirviendo, junto con cebolla, ajo, hierbas de olor, un chorro de vinagre y un chorro de aceite de maíz. Se deja cocer 2 horas, se saca del caldo y se deja enfriar, entonces se desenvuelve, se rebana y se sirve con la salsa.

***Salsa*: En un recipiente se deshace la mostaza con el aceite y el vinagre, sal y pimienta, se agrega después el perejil y el huevo y con esto se cubren las rebanadas de carne fría.

151

FILETES CON MOSTAZA

Ingredientes:

5 filetes de res, gruesos
   y semiaplanados
3 cucharadas de mostaza
4 cucharadas de mantequilla
5 cucharadas de perejil picadito

1/2 cucharadita
   de orégano molido
3 cucharadas de cebollines
   picaditos
3 ajos molidos

Preparación: Se bate la mostaza y se le agrega orégano, perejil, cebollín, ajo, sal y pimienta, y con esto se untan los filetes de los dos lados y se dejan reposar 2 horas en el refrigerador; se asan uno por uno, y cuando se sirven se les agrega un trocito de mantequilla encima.

ROLLOS CON VERDURAS

Ingredientes:

6 bisteces de sobrepalomilla
   de res, abiertos
2 zanahorias, en tiritas largas
3 dientes de ajo, picados
3 hojas de acelgas, sin el rabo
   y en tiras

1/2 cebolla en rebanadas
   delgadas
4 jitomates molidos
   y colados
Aceite de maíz
Sal y pimienta

Preparación: Los bisteces se salpimientan y se van enrollando después de colocarles en medio un poquito de ajo, cebolla, unas rajas de zanahoria y otras de acelga; los rollitos se sostienen con 2 palillos y se ponen en una cacerola con una cucharada de aceite de maíz y se voltean constantemente. En otra cacerola se ponen jitomate, ajo, la cebolla que sobró, sal, pimienta y, si se desea, se pueden agregar 3 chipotles desvenados; una vez que ha empezado a espesar se añade la carne y se tapa, a fuego bajo, hasta que se termine de cocer.

CARNE FRÍA

Ingredientes:
   3/4 *de kilo de punta de palomilla de res, limpia y molida*
   1/4 *de carne de cerdo magra, limpia y molida*
   1/4 *de jamón cocido, en rebanadas*
   1 *pechuga de pollo sin piel, deshuesada y abierta*
   2 *claras de huevo*
   1/2 *cucharadita de nuez moscada, rallada*
   6 *pimientas enteras*
   3 *dientes de ajo*
   1 *cebolla chica*
   1/2 *taza de vinagre*
   1 *ramo de hierbas de olor*
   1 *cucharada de aceite de maíz*
   Sal

Preparación: Las carnes se muelen, con cebolla y sal, 2 o 3 veces. Después se ponen en una cacerola y se agregan claras, sal, pimienta, nuez moscada molida y se revuelve bien. En un trapo de cocina de manta de cielo, limpio y húmedo, se extiende la carne (1 centímetro de grueso), encima se acomoda la pechuga deshuesada y encima jamón y se enrolla con cuidado y se envuelve con el lienzo, se amarran fuerte los 2 extremos, para que no se salga la carne. En una cacerola se pone agua a hervir y se añaden hierbas de olor, vinagre, una cucharada de aceite de maíz, sal y la carne envuelta; se deja cocer de 1 a 2 horas a fuego bajo y semitapada; cuando esté cocida se deja enfriar y se guarda en el refrigerador. Al día siguiente se desenvuelve y se rebana.

CARNE A LA FLORENTINA

Ingredientes:

1 kilo de punta de palomilla de res, limpia y molida
2 cucharadas de aceite de maíz
2 cucharadas de leche
1/4 de taza de pan molido
2 tazas de puré de papa, espeso
6 jitomates rebanados, pelados y sin semilla
2 tazas de elotes desgranados y cocidos
2 pimientos verdes, cortados en cuadritos
3 cucharadas de mantequilla
Sal y pimienta

Preparación: La carne se revuelve con aceite, leche, pan, sal, pimienta y se amasa muy bien con la mano.

En un papel encerado y untado con aceite de maíz se extiende la carne (1 centímetro de grueso), encima se extiende una capa de puré de papa (preparado de antemano y frío). Con mucho cuidado se enrolla la carne sin el papel, pero ayudándose con él; después se envuelve con el mismo papel y se mete al refrigerador una hora. Se corta en rebanadas con cuidado y se coloca en un refractario y alrededor se colocan los jitomates con un corte en medio y sin la pulpa, a manera de que se puedan rellenar con elote y pimiento, los cuales, previamente, se pasaron por una sartén antiadherente 10 minutos a fuego medio. Se mete en horno caliente y se hornea a 250°C, hasta que esté cocida; se baña con el jugo que sueltan los jitomates. Al servir se le ponen trocitos de mantequilla.

TERNERA EN ROLLO

Ingredientes:

1 kilo de tenera abierta como bistec
1 pechuga de pollo sin piel, deshuesada y picadita
1 cucharada de cebolla finamente picada
1 taza de jamón cocido finamente picado
1 cucharada de maicena
1 taza de vino blanco
2 zanahorias peladas y partidas
1 cebolla chica, picada
1 pimiento rojo, picado
1 cucharada de perejil picado
2 cucharadas de mostaza
1 ramita de hierbas de olor
Aceite de maíz
Sal y pimienta

Preparación: La ternera se extiende y se espolvorea con sal y pimienta, después se le unta la mostaza y se le espolvorean: perejil, cebolla, pimienta, jamón y la pechuga, se enrolla y se amarra con hilo blanco grueso. Y se pone en una cacerola con una cucharada de aceite de maíz a que se dore y entonces se retira y se pone la maicena a dorar y se añade vino sin dejar de mover; se añade una taza de agua caliente junto con zanahorias, cebolla, el hueso de la pechuga, hierbas de olor y como a los 5 minutos se agrega la carne; se tapa y se deja hervir a fuego lento, siempre con muy poca agua. Cuando la carne está cocida se le quita y el hilo y se va rebanando y se le agrega encima su salsa bien caliente.

BISTECES ADOBADOS

Ingredientes:

   1 kilo de bisteces de carne magra de cerdo o de vaca
   2 chiles mulatos, tostados y desvenados
   5 chiles pasillas, tostados y desvenados
   2 dientes de ajo
   1 cucharadita de azúcar morena
   2 clavos
   3 cucharadas de vinagre
   1 rajita de canela
   Sal y pimienta

Preparación: Los chiles se licuan con todos los ingredientes, y con esta salsa se ponen los bisteces a marinar durante 4 horas, después de las cuales se van asando, uno por uno, en el comal.

CARNERO ASADO

Ingredientes:

   600 gramos de carnero, del comienzo de la pierna, cortados
      en 4 pedazos
   2 dientes de ajo, machacados
   Tomillo
   Sal y pimienta

Preparación: A la carne, después de enjuagarla, se le ponen los ingredientes y se deja reposar 2 horas. Después se pone a asar en las brasas o en la parrilla del horno, o sencillamente se pone a cocer a fuego bajo, procurando que la carne no se reseque.

SALPICÓN DE CARNE

Ingredientes:
   1 kilo de carne de res, para deshebrar, limpia
   2 cucharadas de perejil picado
   2 cucharadas de cebolla picada
   3 claras de huevos cocidos, picadas
   1 taza de aceitunas picadas
   1/2 lechuga romanita, picada
   1 taza de queso panela, descremado y desmoronado
   1 diente de ajo
   1 pedazo de cebolla
   1 aguacate
   Aceite de oliva
   Vinagre de yema
   Sal y pimienta

Preparación: La carne se pone a cocer en un poco de agua, a fuego medio, con ajo, cebolla y sal; una vez cocida se enfría y se pica finamente, se revuelve en una ensaladera, con perejil, cebolla, claras cocidas, aceitunas, aceite de oliva, vinagre, sal y pimienta, y se deja reposar en el refrigerador durante 3 horas. Cuando se sirve se le agrega lechuga, queso fresco y una rajita de aguacate en cada plato.

CARNERO CON CEBOLLITAS

Ingredientes:

3/4 de kilo de carnero,
   de preferencia de la pierna,
   limpio y en trocitos
15 cebollines

1 cucharada de harina
2 cucharadas
   de perejil picado
Sal y pimienta

Preparación: La carne se espolvorea con sal, pimienta, una cucharadita de azúcar y se pone a dorar en una cacerola con una cucharada de aceite de maíz; se le agrega la harina, se remueve bien y después se ponen 2 tazas de agua hirviendo, perejil y cebollitas, se tapa la olla y se deja hervir hasta que la carne esté suave.

TERNERA AL HORNO

Ingredientes:

2 kilos de lomo de ternera
1 cebolla mediana, rebanada
1 zanahoria rallada
1 rama de apio, picada

1/2 cucharadita de tomillo seco
1 cucharadita de pimentón
1 taza de agua
Aceite de maíz

Preparación: En una sartén antiadherente dore cebolla, zanahoria y apio. Mezcle sal, pimienta, tomillo, pimentón y una cucharada sopera de aceite de maíz, y unte con esto el lomo; póngale encima el contenido de la sartén. Meta al horno la carne a 175°C (350°F), durante una hora y media y rocíelo durante este tiempo con un poco de agua caliente y su propio jugo. Cuando ya esté cocido retire su caldo y licúelo, y bañe con eso el lomo.

CARNERO CON CHÍCHAROS

Ingredientes:

1/2 kilo de pierna de carnero limpia, molida

4 tazas de chícharos verdes

3 dientes de ajo

3 jitomates molidos y colados

Las hojas de un manojo de cilantro

1/4 de taza de perejil picado

Aceite de maíz

Sal y pimienta

Preparación: La carne se revuelve con sal, pimienta y perejil, y con esto se hacen unas tortitas que se van dorando en una sartén antiadherente untada con aceite de maíz. El jitomate se pone a hervir, y cuando empieza a espesar se le agrega un vaso grande de agua caliente, una pizca de azúcar, sal y pimienta. Cuando vuelve a hervir se le agregan los chícharos y se deja que hierva, destapado, durante 10 minutos. Se agregan las tortitas de carne doradas y un machacado de ajo y cilantro disuelto en un poquito de agua, y se deja a fuego medio, tapado, hasta que se cuezan los chícharos. Se corrige la sal y la pimienta.

CACEROLA DE CARNERO

Ingredientes:

1/2 kilo de carnero, sin grasa; espaldilla o pecho

1 zanahoria pelada, en rodajas

1 cebolla rebanada

1/4 de kilo de alubias

1/2 col tierna, en trozos

Aceite de maíz

Preparación: En una cacerola, con media cucharada de aceite de maíz, se pone a cocer el carnero con la cebolla, a fuego medio, tapado, durante media hora y moviendo constantemente. Después se agregan los demás ingredientes (las alubias remojadas desde la víspera), más 4 tazas de agua caliente. Se tapa y se deja cocer suavemente durante 2 horas.

RAGÚ DE TERNERA

Ingredientes:

600 gramos de carne
de ternera magra
300 gramos de tomates

200 gramos de champiñones
en rebanadas
Perejil picadito
Aceite de maíz

Preparación: Los tomates se lavan, se muelen y se cuelan; y se ponen a hervir hasta que espesen. La carne se corta en trocitos cuadrados y en una cacerola antiadherente con una cucharada sopera de aceite de maíz, se tapa, a fuego bajo, con sal y pimienta, y se mueve a cada rato. A los 40 minutos se le añaden salsa de tomate, champiñones y perejil, y se revuelve; se agrega media taza de agua tibia y se deja hervir muy lentamente hasta que la carne esté bien cocida y la salsa espese (30 o 40 minutos más).

CARNERO A LA PERSA

Ingredientes:

3/4 de kilo de carnero,
de la pierna, en trozos
2 cebollas picaditas
El jugo de 2 limones

100 gramos de ciruela, sin hueso
200 gramos de almendras peladas
3 cucharadas de perejil picado
Sal y pimienta

Preparación: Se mezclan cebolla, limón, sal y pimienta con la carne y se dejan reposar por 2 horas; al cabo de las cuales se pone a fuego medio, tapada y cuando está semicocida se agregan ciruelas y almendras. Deje hervir a fuego lento hasta que la carne esté suave.

CARNERO A LA VASCA

Ingredientes:

1/2 kilo de pulpa de carnero, limpio en pedazos pequeños
5 berenjenas medianas, peladas y en pedacitos
2 cucharadas de mantequilla
6 jitomates rebanados, sin semilla
1/4 de taza de cebolla picada
1 ramo de hierbas de olor
Un poquito de clavo en polvo
Aceite de maíz
Sal y pimienta

Preparación: En una sartén antiadherente, con media cucharada de aceite de maíz, se dora ajo, clavo, carne, cebolla, hierbas de olor, sal y pimienta y se deja 10 minutos. Se tiene cuidado de que las berenjenas no sepan amargas, se les pone sal a los trozos y se dejan escurrir por 30 minutos; después se meten en un refractario al horno caliente y se hornean a 200°C, durante 15 minutos; al cabo de los cuales se les agrega encima la carne ya preparada y encima una capa de rebanadas de jitomate y si es necesario se pone otra serie de capas; se espolvorea con sal y pimienta y se meten de nuevo al horno 1/2 hora más. Cuando casi se va a sacar del horno se le espolvorea perejil y cuando se saca se le ponen los trocitos de mantequilla.

ESTOFADO DE CARNERO

***Ingredientes*:**
  500 gramos de carnero de un pedazo magro, en trocitos
  1 cebolla picada y ajos
  1 pimiento rojo y 1 verde
  2 tomatitos
  2 hojas de laurel y tomillo
  10 cebollines enteros
  Aceite de maíz

***Preparación*:** En una cacerola, con una cucharada sopera de aceite de maíz, se ponen todos los ingredientes, excepto los cebollines y se deja hervir a fuego bajo y se le agrega un vaso de agua tibia; cuando la carne está en su punto se añaden los cebollines y se deja 5 o 10 minutos más de cocción. Se apaga y la salsa se pasa por el colador, se le riega a la carne y se adorna con los cebollines y el pimiento. Se retiran ajos, laurel y tomillo.

Pollos

POLLOS CON BERENJENAS

Ingredientes:

1 pollo tierno sin piel, en piezas
2 berenjenas peladas, en trocitos
2 pimientos verdes, en trocitos
1/2 kilo de jitomates pelados
y picados

1 cebolla grande, picada
2 dientes de ajo, picados
1 vaso de vino blanco
Aceite de maíz
Sal y pimienta

Preparación: En una cacerola, con una cucharada de aceite de maíz, dore los trozos de pollo y retírelos, y en la misma cacerola ponga cebolla y ajo y déjelos durante 6 minutos, hasta que la cebolla esté transparente. Añada berenjenas y pimientos, déle unas vueltas y agregue jitomate. Déjelo hervir 5 minutos y meta las piezas de pollo y el vino; revuelva bien, tape la cacerola y déjela a fuego lento 40 minutos. Destápela para que se consuma un poco del líquido y déjelo 10 minutos más. Sírvase caliente.

POLLO AL CURRY

Ingredientes:

1 pollo tierno, sin piel, en piezas
2 cebollas picadas
1 taza de caldo de pollo, desgrasado

1 cucharada de curry
1 plátano en ruedas
1 manzana en cuadritos
Aceite de maíz

Preparación: La cebolla se pone en una sartén antiadherente con media cucharada de aceite de maíz y cuando se ponga transparente se agrega curry y se deja por 5 minutos, se agrega caldo de pollo, plátano y manzana, se deja otros 5 minutos y se vacía en la cacerola donde está el pollo, dejando que todo hierva suavemente durante 1 hora. Se sirve acompañado con arroz blanco.

POLLO EN ACHIOTE

Ingredientes:

1 pollo sin piel, en raciones
1/2 cebolla
1/2 barra de achiote grande
El jugo de una naranja agria

1 cucharadita de cominos
Un chorrito de vinagre
Sal y pimienta

Preparación: Se licuan todos los ingredientes y con esto se unta bien el pollo. Se puede cocer al fuego o al horno.

POLLO ASADO

Ingredientes:

1 pollo, partido en piezas, sin piel
2 cucharaditas de tomillo seco
2 hojas de laurel
2 dientes de ajo, pelados y machacados
2 cebollas medianas, partidas por la mitad
1 limón
1/2 taza de vino blanco
Sal y pimienta

Preparación: Mezcle el tomillo con sal y pimienta y unte esto al pollo; ponga encima ajo, cebolla y laurel desmenuzado. Exprima el limón y refrigere el pollo 6 horas. Revuélvale vino y métalo al horno precalentado, a 220°C, durante 20 minutos; déle la vuelta y rocíelo con el jugo de la cocción y déjelo 20 minutos más.

Para servirlo, retírele lo que tenga encima; báñelo con el jugo, previamente colado.

POLLO CON BRÓCOLI

Ingredientes:
  2 pechugas de pollo cocidas, en dados
  3 tazas de brócoli en ramitos
  1/4 de kilo de champiñones cocidos y en rebanadas
  2 tazas de caldo de pollo, desgrasado
  2 cucharadas de harina
  1/4 de taza de cebolla picada
  Nuez moscada
  3 cucharadas de queso parmesano, rallado
  2 cucharadas de perejil
  Aceite de maíz

Preparación: Enjuague el brócoli y póngalo a cocer al vapor en un poco de agua, sin que se recueza.

En una sartén antiadherente, con media cucharada de aceite de maíz, deje cocer de 7 a 9 minutos los champiñones, retírelos y ponga la harina durante 1 minuto y añada el caldo de pollo, moviendo con una cuchara de madera; cuando hierva añada cebolla, nuez moscada, queso parmesano, champiñones y perejil.

Coloque el brócoli al fondo de una bandeja, rocíele pollo y vierta la salsa encima. Espolvoree pan molido y hornee durante 25 minutos, en horno precalentado a 190°C.

POLLO AGRIDULCE

Ingredientes:
4 *pechugas de pollo, sin piel*
1 *lata de 250 gramos de rodajas de piña, sin azúcar*
2 *cucharadas de vinagre de manzana*
2 *cucharadas de azúcar morena (o blanca)*
1/2 *taza de caldo de pollo, desgrasado*
2 *cucharadas de harina*
1 *pimiento verde, cortado en tiras*
3 *cucharadas de mermelada de chabacano*
2 *cucharadas de agua*

Preparación: En una cacerola ponga el jugo de la piña con: vinagre, azúcar y caldo; agregue harina previamente disuelta en agua y deje que se espese, sin dejar de mover; añádale las rodajas de piña.

Precaliente el horno a 175°C y hornee el pollo durante 15 minutos (previamente limpio y espolvoreado con sal y pimienta). Voltee el pollo y riéguele la salsa, tápelo y hornee durante media hora más. Destápelo, añada el pimiento y rocíele salsa. Hornee 5 minutos más.

POLLO A LA FRANCESA

Ingredientes:
   1 pollo tierno sin piel, en piezas
   100 gramos de jamón, en trozos y picado
   1/2 vaso de vino blanco
   2 jitomates asados, pelados y molidos
   1/2 taza de chícharos verdes, cocidos
   1/4 de kilo de papitas cocidas y peladas
   1 puño de ejotes limpios, en trozos
   12 cebollitas de cambray, limpias
   2 calabacitas en cuadritos
   1 cebolla asada y molida
   1 zanahoria pelada y en cuadritos
   Sal y pimienta

Preparación: En una cacerola se pone el pollo con sal y pimienta, a fuego medio, tapado, cuidando que no se pegue y volteándolo; cuando esté doradito se agregan jamón, jitomate y cebolla, y se deja 10 minutos; se añaden las verduras, el vino y un vasito de agua caliente. Se tapa y se deja que hierva hasta que todo se cueza.

POLLO CON MOSTAZA

Ingredientes:
   1 pollo sin piel, cortado en piezas   2 cucharadas de mostaza
   1/2 taza de cebolla picada   Sal, pimienta, laurel
   1 taza de zanahorias picaditas   y tomillo

Preparación: Ponga el pollo durante unas horas en un recipiente con sal, laurel, tomillo, pimienta, perejil, cebolla y zanahorias picados, y cuando ya se vaya a cocer se untan las piezas de pollo con mostaza. Se mete todo al horno para que se dore.

MANCHAMANTELES

Ingredientes:

1 pollo grande, sin piel y en piezas
2 chiles anchos y 2 chiles pasillas, asados, desvenados y
   remojados
2 cebollas rebanadas
2 jitomates asados, limpios y molidos
1/2 litro de caldo de pollo, desgrasado
1 cucharadita de harina
1 rebanada de pan blanco
1 plátano macho chico, pelado, en rebanadas gruesas
50 gramos de almendras peladas
1 manzana pelada y en rebanadas
2 clavos
1 diente de ajo
Vinagre
1 raja de canela
Sal y pimienta

Preparación: El pollo limpio se pone en una cacerola con sal, pimienta y una cebolla, a fuego medio, tapado, y se mueve para que no se pegue. En otra cacerola se pone la otra cebolla, junto con el licuado de los chiles, el jitomate, el diente de ajo, el pan tostado y las especies, y se deja hervir junto con la harina para que espese; entonces se agrega el caldo de pollo, y cuando suelte el hervor se agregan pollo y frutas, una pizca de azúcar, un chorrito de vinagre, sal y pimienta. Se deja hervir lentamente hasta que la salsa espese.

MIXIOTES DE POLLO

Ingredientes:

1 pollo tierno, sin piel y partido en raciones

1 chile pasilla y un mulato, limpios

Un pedazo de cebolla molida

3 chiles anchos, limpios

1 diente de ajo, molido

1/4 de taza de vinagre

Hojas de plátano

Orégano

Tomillo

Sal y pimienta

Preparación: Los chiles se desvenan, se tuestan y se remojan en agua hirviendo con vinagre. Todo esto se muele con ajo, cebolla, sal, pimienta, orégano y tomillo y se hierve hasta que espese. Se hacen paquetes con las hojas de plátano, rellenas de pollo cubierto con bastante salsa, se amarran y se ponen en una vaporera hasta que se cuezan.

POLLO ALSACIANO

Ingredientes:

1 pollo sin piel, partido en raciones

4 pimientos rojos, asados, limpios y en rajas

3 cucharadas de aceite de oliva

3 jitomates molidos y colados

Sal y pimienta

1 cebolla picadita

1 cucharada de perejil picadito

1 cucharada de harina

Aceite de maíz

Preparación: En una cacerola, con una cucharada de aceite de maíz y un diente de ajo, se pone el pollo con sal y pimienta a cocer al vapor. Mientras tanto, en otra cacerola, se ponen cebolla y rajas y se mueven, y ahí se agrega el jitomate colado. A los 5 minutos se agrega harina, diluida en un poquito de agua; se revuelve muy bien, se agrega sal y pimienta y el pollo, junto con el jugo que soltó. Se tapa y se deja hervir a fuego muy lento, hasta que se cueza el pollo. Se le espolvorea perejil.

POLLO ALMENDRADO

Ingredientes:
   1 *pollo tierno sin piel, en* **raciones**
   2 *cucharadas de harina*
   1 *taza de caldo de pollo,* **desgrasado**
   1 *taza de leche descremada*
   1 *rama de tomillo*
   4 *dientes de ajo con cáscara,* *semiaplastados*
   100 *gramos de almendras* **peladas** *y picadas*
   50 *gramos de almendras* **peladas** *y molidas*
   1 *cucharada de cebolla* **picada**
   Aceite de maíz
   Sal y pimienta

Preparación: En una cacerola, con media cucharada de aceite de maíz, se pone el pollo limpio, con sal, pimienta, tomillo y ajos a fuego medio, tapado, pero cuidando que no se pegue. En una sartén antiadherente, con media cucharada de aceite de maíz, se doran la cebolla y la harina, y se agrega poco a poco la leche y el caldo sin dejar de mover, hasta que suelte el hervor; se agrega la almendra picada y la molida y se deja que hierva 3 minutos. Cuando el pollo está cocido se retiran el tomillo y los ajos y se baña con la salsa. Se deja a fuego lento hasta que comienza a hervir; se cuida que no se pegue.

BERENJENA CON POLLO

Ingredientes:
   4 berenjenas medianas
   2 tazas de garbanzos cocidos
   3/4 de kilo de jitomate
   1 cebolla picada
   2 pechugas sin piel y sin hueso
   Aceite de maíz
   Sal y pimienta

Preparación: Escoja berenjenas ligeras y pruebe que no estén amargas; se parten en trozos de 4 centímetros aproximadamente, se les pone sal y se dejan escurrir; se meten al horno bien caliente, 20 minutos, volteándolas constantemente. Mientras tanto, se licuan los jitomates, se cuelan y se ponen a hervir en una cacerola hasta que espesen.

Las pechugas se cortan en trocitos y se ponen en una sartén antiadherente con una cucharada sopera de aceite de maíz; se voltean con frecuencia y se les agrega cebolla. Una vez cocida la pechuga, se retira.

Los garbanzos se dejan remojar desde la noche previa, se les tira el agua y la cáscara y se ponen a cocer a fuego lento, para que estén listos al momento de realizar el guisado.

Cuando la berenjena ya está lista se saca del horno y se le agrega el pollo con la cebolla y los garbanzos, y se vierte encima jitomate espeso, todo con la suficiente cantidad de sal y pimienta. Se mete en un refractario al horno a 200°C, hasta que hierva (15 o 20 minutos).

PECHUGAS A LA REYNA

Ingredientes:

2 pechugas

2 cucharadas soperas
  de aceite de maíz

1 cebolla rebanada

3 cucharadas de harina

1/2 litro de leche

Queso parmesano

Preparación: En un molde refractario se colocan las 4 mitades de pechuga sin hueso y abiertas, con sal y pimienta y se meten al horno 20 minutos. Mientras, en una sartén antiadherente, se dora la cebolla rebanada y se bañan con esto las pechugas que están en el horno. En la misma sartén se pone harina y se le da unas cuantas vueltas con cuchara de palo, añadiendo poco a poco leche, sin dejar de mover, hasta que espese. Se espolvorean con queso parmesano las pechugas ya cocidas y se meten a dorar en el horno a fuego alto, durante 10 o 15 minutos. Se sirve caliente.

POLLO CON GUAJILLO

Ingredientes:

1 pollo sin piel, cortado
  en piezas

2 chiles anchos

6 chiles guajillos

Una pizca de orégano

1 cucharada de aceite de maíz

Un trozo de cebolla

3 dientes de ajo

Un chorrito de vinagre

Tomillo, sal y pimienta

Preparación: Se enjuaga muy bien el pollo y se escurre; los chiles se desvenan, se enjuagan y se meten en agua hirviendo; se apaga el agua y se dejan unos minutos. Se licuan los chiles con un poco de su agua y todos los ingredientes, y con esto se cubren las piezas de pollo; se deja reposar durante media hora. Se cuecen al fuego o se hornean según se prefiera.

PECHUGAS CON VERDURAS

Ingredientes:
  4 *mitades de pechugas, sin piel*
  2 *cucharadas soperas de aceite de maíz*
  2 *ramitos de perejil*
  300 *gramos de calabacitas*
  300 *gramos de jitomates*
  1 *cebolla mediana*
  1 *pimiento rojo*
  1 *vaso de caldo de pollo*
  2 *dientes de ajo*
  100 *gramos de queso blanco*
  Orégano, sal y pimienta

Preparación: Corte el pimiento en tiritas (sin las partes blancas) y cuézalo en un poco de agua, durante 20 minutos; licúelo, póngalo a hervir y cuando se seque agréguele el caldo y el queso.

Corte en rodajas las calabacitas y la cebolla; y en trozos los jitomates; pique finamente los ajos y el perejil y todo junto póngalo en una cacerola 10 minutos en el fuego; y agréguele orégano, sal y pimienta. Añada la mezcla del pimiento y el queso y déjelo otros 5 minutos en el fuego. Salpimiente las pechugas y en una sartén antiadherente déjelas 5 minutos de cada lado y sírvalas con la salsa y las verduras.

POLLO A LA JARDINERA

Ingredientes:

1 pollo mediano, sin la piel
  y sin la grasa,
  cortado en piezas
3 zanahorias medianas
1/4 de chícharos pelados
6 cebollines

1/2 vaso de caldo de pollo
2 cucharadas de
  aceite de maíz
2 dientes de ajo, pelados
1 ramito de perejil picado
Sal y pimienta

Preparación: Dore en una sartén antiadherente las piezas del pollo. En la misma sartén ase los cebollines y los ajos enteros. Agregue zanahorias en trocitos y perejil picado, salpimiente al gusto. En una cacerola coloque el pollo y las verduras, incluyendo los chícharos, y agregue caldo de pollo; déjelo hervir durante 20 minutos.

POLLO ESTOFADO

Ingredientes:

1 pollo sin piel, en piezas
Harina
200 gramos de
  champiñones, en trozos

3 jitomates pelados y picados
1 cucharadita de orégano
Sal y pimienta

Preparación: El pollo limpio y escurrido rocíelo con una mezcla de sal, pimienta y harina, sacudiéndolo para quitar el excedente. Colóquelo en una cacerola y hornee media hora, en horno precalentado a 175°C. Sáquelo, voltéelo y agréguele el resto de los ingredientes; déjelo en el horno de 45 a 60 minutos más.

CROW MIEN DE POLLO

Ingredientes:
Un pollo tierno, partido en raciones y sin piel
2 pechugas de pollo, cocidas y sin piel
3 huevos frescos
4 dientes de ajo, picaditos
1 cebolla picadita
3 pimientos verdes, en tiritas
2 tazas de apio picadito
2 tazas de soya germinada, fresca
1 taza de champiñones partidos por la mitad
2 cucharadas de maicena
4 cucharadas de salsa de soya
2 cucharadas de mantequilla
Sal y pimienta

Preparación: En una cacerola a fuego bajo se cuecen las piezas de pollo; luego se le quitan los huesos y se cortan en rajitas. Las pechugas se cuecen en un litro y medio de agua con un pedazo de cebolla, un diente de ajo y una ramita de apio. Cuando ya están cocidas se parten en rajitas y el caldo se cuela; en una sartén antiadherente se dora cebolla, apio, ajo y pimiento; ya que están transparentes se agrega maicena moviendo rápidamente para que dore un poquito y no se queme, se agrega caldo de pollo ya colado, el pollo cocinado, soya y champiñones. Se tapa y se deja hervir unos 10 minutos a fuego alto. En una sartén antiadherente se ponen huevos previamente batidos y se hace una tortilla delgadita sin que se dore. Se deja enfriar, se parte en cuadritos y se añade al guisado junto con la pechuga cocida y cortada. Se sazona con salsa de soya, sal, pimienta y se deja en el fuego unos 5 minutos más. Se sirve acompañado de arroz blanco.

CHOP SUEY DE POLLO

Ingredientes:

4 tazas de pechuga de pollo, sin piel, cocina y cortada en cuadritos

1/2 taza de cebolla picadita

2 cucharadas de mantequilla

1/4 de kilo de champiñones limpios

1 taza de caldo de pollo, desgrasado

3 tazas de apio, picado grueso

2 tazas de germinado de soya

1/4 de tazas de almendras peladas

6 cucharadas de salsa de soya

1/2 cucharadita de azúcar

Un poco de jengibre

Aceite de maíz

Sal y pimienta

Preparación: En una cacerola, con una cucharada de aceite de maíz, se doran cebolla y apio y cuando están transparentes se agrega el pollo y el resto de los ingredientes; se tapa y se deja hervir a fuego suave, 15 minutos, y hasta que se sirve se le pone la mantequilla en trocitos.

PAVO ENCHILADO

Ingredientes:

1 pechuga de pavo, partida en cuatro

8 chiles anchos, tostados, devenados y remojados

2 cebollas

3 dientes de ajo

8 hojas de aguacate

Orégano, tomillo, laurel, un clavo

1 rajita de canela

Sal y pimienta

Preparación: Se licua la cebolla y el ajo con los chiles y un poco del agua, y se pone a hervir hasta que espese, con sal y pimienta; entonces se le revuelven todas las hierbas de olor, incluyendo el clavo; se cubre el pavo con la salsa y también con las hojas de aguacate y se pone a cocer al vapor (como tamales) hasta que se cueza.

POLLO CARIBEÑO

Ingredientes:
   1 pollo sin piel, partido en piezas
   1/2 kilo de tomates verdes, molidos
   3 jitomates molidos y colados
   1 diente de ajo
   1/2 taza de cebolla picada
   1 taza de chícharos verdes, cocidos
   300 gramos de papas pequeñitas y cocidas
   3 chiles poblanos, asados, desvenados y en rajas
   3 cucharadas de perejil picado
   Aceite de maíz
   Sal y pimienta

Preparación: En una cacerola, con una cucharada de acei-te de maíz, se ponen las piezas de pollo con sal y pimienta, a fuego medio, volteándolas para que no se peguen y se retiran cuando ya estén casi cocidas. En la misma cacerola se vacían las dos moliendas de tomate y jitomate, cebolla, ajo y se dejan hervir un poco con sal y pimienta; se les agrega el pollo con el perejil y las papitas. Cuando ya está cocido esto se le agregan las rajas del poblano; se revuelve, y 5 minutos después, se apaga.

LASAÑA DE PAVO

Ingredientes:
  400 gramos de pavo sin piel, picado
  1/2 taza de cebolla picada
  1/4 de kilo de champiñones
  3 dientes de ajo, picaditos
  4 jitomates, molidos, colados y hervidos (espeso)
  1 cucharadita de orégano seco
  Las hojas de un manojo de espinacas, cocidas y escurridas
  400 gramos de queso panela, descremado
  Nuez moscada
  240 gramos de pasta de lasaña
  1/4 de kilo de queso Oaxaca, descremado y rallado
  Aceite de maíz
  Sal y pimienta

Preparación: Precaliente el horno a 190°C. En una sartén antiadherente, con media cucharada de aceite de maíz, a fuego medio, ponga el pavo junto con la cebolla, los champiñones y ajo; hasta que el pavo pierda su color rosado, déjelo cubierto, entonces destápelo y deje evaporar el jugo a fuego más alto; añada la salsa de jitomate, orégano, pimienta y sal y baje el fuego.

En otro trasto mezcle las espinacas con el queso fresco, desbaratado y la nuez moscada.

Cueza la lasaña según lo indique el paquete. En un molde refractario ponga 1/3 de pasta, añada la mitad de la mezcla de espinacas, la tercera parte de la salsa de jitomate y del queso Oaxaca. Repita las capas hasta terminar con el queso. Cubra con papel aluminio y hornee de 35 a 40 minutos.

Postres

POSTRE DE PLÁTANO

Ingredientes:
   2 *plátanos roatanes, en ruedas delgadas*
   El jugo de un limón
   4 *cucharadas de avellanas tostadas*

Preparación: Se revuelve todo y encima se le ponen las avellanas. Se sirve frío.

ENSALADA VERANIEGA

Ingredientes:
   4 *cucharadas de apio picadito*
   4 *zanahorias peladas y ralladas*
   3 *cucharadas de pasitas*
   2 *puños de germinado de alfalfa*
   1 1/2 *taza de yogur sin sabor*

Preparación: Se revuelven todos los ingredientes y se sirve frío.

FRUTAS FRESCAS

Ingredientes:
   1/2 *taza de jugo de naranja*
   La ralladura y el jugo de un limón verde
   1/2 *cucharadita de semillas de anís o 2 cucharaditas de*
      extracto de vainilla
   1/2 *taza de jarabe de maple (bajo en calorías o sustituto del*
      azúcar en el caso de los diabéticos)

Preparación: Mezcle perfectamente todo. Después viértalo sobre pedacitos de melón, manzana, pera, plátano roatán. Tápelo y métalo en el refrigerador durante 4 o 6 horas.

CREMA DE FRUTA

Ingredientes:
  2 tazas de yogur descremado, natural
  2 tazas de melocotón pelado, en trozos
  1 taza de fresas frescas, limpias
  1/2 taza de jugo de naranja
  1 cucharada de miel virgen

Preparación: Licue todo y añádale, si es necesario, media taza de agua y refrigere por 4 horas en cristal. Sírvalo frío.

BEBIDA DE FRESAS

Ingredientes:
  1 taza de fresas limpias
  1 plátano roatán
  1 taza de jugo de naranja

Preparación: Licue todo, y al final agregue hielo y vuelva a licuar.

HELADO DE FRUTA

Ingredientes:

1 sobre de gelatina sin sabor	2 cucharadas de azúcar
1/2 taza de agua fría	1 taza de fresas, limpias
1 taza de jugo de naranja	y rebanadas
3 cucharadas de jugo de limón	3 plátanos roatanes aplastados

Preparación: Remoje la gelatina con el agua, y a fuego lento disuélvala bien; añada los jugos y el resto de los ingredientes, mezcle y congélelo hasta que esté duro; licúelo y bátalo hasta que esponje. Vuelva a meterlo al congelador y, si quiere, licúelo nuevamente.

HELADO DE MELOCOTÓN

Ingredientes:
  2 *tazas de yogur natural, descremado*
  2 *cucharadas de jugo de limón*
  1/2 *cucharadita de vainilla*
  4 *melocotones, pelados y aplastados con un tenedor*
  2 *plátanos roatanes, maduros y aplastados con un tenedor*
  4 *cucharadas de azúcar*
  1/2 *cucharadita de extracto de vainilla*

Preparación: Mezcle yogur, jugo de limón y vainilla y refrigere. Mezcle el resto de los ingredientes, déjelo reposar durante 10 minutos y agréguele el yogur. Congélelo, bátalo y semicongélelo nuevamente.

TOSTADAS DE QUESO

Ingredientes:
  2 *rebanadas de pan previamente tostado*
  1/2 *taza de queso panela, descremado*
  1 *cucharadita de azúcar*
  1/2 *cucharadita de canela*

Preparación: Esparza el queso por encima del pan, y espolvoree con azúcar y canela y póngalo en una plancha caliente hasta que se empiece a derretir el queso.

TAZA DE FRUTA

Ingredientes:
1 manzana   1/2 melón
1 naranja   2 plátanos roatanes
1 pera   2 tazas de yogur
                                                descremado, natural

Preparación: Prepare la fruta, mézclela con el yogur y refrigérela durante 2 horas antes de servirla.

DELICIA DE YOGUR

Ingredientes:
1 paquete de 90 gramos de gelatina, baja en calorías
1/4 de litro de yogur natural, descremado

Preparación: Prepare la gelatina según las instrucciones del paquete, hasta que empiece a espesar, añádale el yogur y mezcle bien. Refrigere hasta que espese.

ENSALADA DE ZANAHORIAS

Ingredientes:
6 zanahorias, peladas y ralladas
1/2 de taza de pasitas, sin semillas
1/2 taza de yogur natural
1 cucharadita de azúcar
2 cucharadas de jugo de limón
1 taza de piña en trocitos
Sal

Preparación: Revuelva todo y sírvalo frío.

ENSALADA WALDORF

Ingredientes:
   4 *manzanas peladas, sin el centro y en cuadritos*
   1 *taza de apio picado*
   1/2 *taza de nuez picada*
   1/2 *taza de pasitas, sin semillas*
   1/2 *taza de yogur natural, descremado*
   1 *cucharadita de jugo de limón*
   1 *cucharadita de azúcar*
   Sal y pimienta

Preparación: Mezcle bien todo y sírvalo frío, en porciones, colocadas sobre hojas de lechuga romanita.

ENSALADA DE GERMINADO

Ingredientes:
   4 *zanahorias peladas y ralladas*
   4 *ramos de apio limpios y picados*
   1/2 *taza de pasitas*
   1 *taza de germinado de alfalfa*
   1 *tazón de yogur sin sabor, de preferencia hecho en casa*

Preparación: Se revuelve todo y se come bien frío. Si se quiere se le agrega una pizca de sal y de pimienta y unas gotitas de limón.

ENSALADA LIDIA

Ingredientes:
1 pera, 1 manzana, 1 naranja, peladas y cortadas
   en rebanadas y sin semilla
1 taza de uvas, sin la piel
4 corazones de lechuga romanita, cortados
   por la mitad a lo largo
20 nueces picaditas
1 taza de queso cottage

Preparación: Se revuelven todos los ingredientes y se pone encima la nuez picada y se pone el queso cottage en el centro.

BATIDO DE FRUTA

Ingredientes:
100 gramos de chabacanos deshidratados
100 gramos de duraznos desecados
50 gramos de almendras peladas y semitostadas
1 vaso de yogur natural
1 vaso de jugo de naranja

Preparación: La noche anterior se pone a remojar la fruta con la naranja, y al día siguiente se licua todo y se revuelve con el yogur; se pone encima la almendra picada.

MUESLI DE ZANAHORIA

Ingredientes:
  1/2 taza de avena (125 gramos)
  1 taza de leche descremada
  2 zanahorias grandes, ralladas finamente
  Un puño de nueces picaditas
  1 cucharada de miel virgen (o sustituto dulce en el caso de
    los diabéticos)

Preparación: Se combinan la avena, la leche y la miel o sustituto, para formar un muesli. Se agrega la zanahoria rallada y se sirve en seguida, frío, con la nuez encima.

ENSALADA MIXTA

Ingredientes:
  1/2 col tierna, en rebanadas finas
  1 manojo de berros bien limpios
  2 manzanas medianas, peladas y en trozos
  1 puño de almendras peladas y en rajitas
  1 vaso de yogur
  El jugo de 1/2 limón
  1/2 cucharadita de mostaza
  Una pizca de azúcar
  1 cucharadita de aceite de oliva
  Sal

Preparación: Se mezcla todo muy bien y se sirve fría.

BOCADO DE ÁNGEL

Ingredientes:
 1/2 col finamente picada
 2 zanahorias peladas y ralladas
 1 taza de trocitos de piña
 1/2 taza de pasitas
 1/2 cucharadita de azúcar
 El jugo de un limón
 1 cucharadita de aceite de oliva
 1 taza de queso cottage
 Sal y pimienta

Preparación: Se revuelven todos los ingredientes bien fríos y encima y en medio se coloca el queso cottage.

POSTRE DE MANZANA

Ingredientes:
 1 taza de requesón
 1 rama de apio, limpia
 1 manzana pelada
 6 dátiles
 Sal y pimienta

Preparación: Se revuelve el requesón con un chorro de leche descremada y se le agrega el apio y la manzana picaditos, la sal y la pimienta. Se deja enfríar en la nevera y se sirve con los dátiles encima.

GELATINA DE YOGUR

Ingredientes:
   1 taza de yogur sin sabor
   Canderel al gusto
   30 gramos de grenetina (gelatina sin sabor)
   2 tazas de leche evaporada, descremada
   1 cucharadita de vainilla

Preparación: En una taza de agua disuelva la grenetina.
Mezcle la leche con el yogur, caliéntela ligeramente y agregue la grenetina disuelta. Añada la vainilla. Al final agregue canderel al gusto, y póngala en un molde y refrigere hasta que cuaje.

GELATINA DE QUESO COTTAGE

Ingredientes:
   1 paquete mediano de gelatina de limón, sin azúcar
   1 taza de yogur sin sabor
   200 gramos de queso cottage
   1 taza de apio y 1 zanahoria, finamente picados
   Canderel al gusto

Preparación: Disuelva la gelatina en una taza de agua hirviendo, y agréguele yogur y canderel batiendo constantemente. Enfríe hasta que esté casi cuajada y añada el queso, el apio y la zanahoria. Vacíe en un molde y enfríe hasta que cuaje por completo.

191

COMPOTA DE PERAS

Ingredientes:

1 taza de ciruelas pasas
4 peras medianas, peladas y sin el centro
1/2 taza de agua
1/2 taza de jugo de naranja
2 cucharadas de mermelada de chabacano
2 cucharadas de miel (o sustituto dulce para diabéticos)

Preparación: Las ciruelas se dejan remojar durante la noche con agua y el zumo de frutas. Las peras se cortan en rodajas muy finas y, junto con las ciruelas y los demás ingredientes, se cuecen a fuego lento hasta que la fruta esté blanda. Al apagar se le agrega el sustituto de la miel. Se sirve bien fría.

NOTAS

COLECCIÓN COCINA

Antojitos mexicanos
Antojo deportivo
Cocina económica
Cocina para diabéticos
Cocina rápida y saludable para niños
Cocina saludable con ajo
Cocina sin colesterol
Cocina tradicional mexicana
Cocina veracruzana
Cocina yucateca
Cocinar para el bebé
Coctelería fácil
Comida sin colesterol
Dulces tradicionales mexicanos
Ensaladas, Las
Menús vegetarianos
Nueva cocina vegetariana, La
Postres de la abuela
Postres para diabéticos
Sopitas que curan, palabras que alientan

COLECCIONES

Belleza
Negocios
Superación personal
Salud
Familia
Literatura infantil
Literatura juvenil
Ciencia para niños
Con los pelos de punta
Pequeños valientes
¡Que la fuerza te acompañe!
Juegos y acertijos
Manualidades
Cultural
Medicina alternativa
Clásicos para niños
Computación
Didáctica
New Age
Esoterismo
Historia para niños
Humorismo
Interés general
Compendios de bolsillo
Cocina
Inspiracional
Ajedrez
Pokémon
B. Traven
Disney pasatiempos

SU OPINIÓN CUENTA

Nombre ....

Dirección ....

Calle y número ....

Teléfono ....

Correo electrónico ....

Colonia .... **Delegación** ....

C.P .... **Ciudad/Municipio** ....

Estado .... **País** ....

Ocupación .... **Edad** ....

Lugar de compra ....

Temas de interés:

□ *Negocios*   □ *Familia*   □ *Ciencia para niños*
□ *Superación personal* □ *Psicología infantil* □ *Didáctica*
□ *Motivación*   □ *Pareja*   □ *Juegos y acertijos*
□ *New Age*   □ *Cocina*   □ *Manualidades*
□ *Esoterismo*   □ *Literatura infantil*   □ *Humorismo*
□ *Salud*   □ *Literatura juvenil*   □ *Interés general*
□ *Belleza*   □ *Cuento*   □ *Otros*
                      □ *Novela*

¿Cómo se enteró de la existencia del libro?

□ *Punto de venta*
□ *Recomendación*
□ *Periódico*
□ *Revista*
□ *Radio*
□ *Televisión*

Otros ....

Sugerencias ....

Cocina sin colesterol

Cocina sin colesterol
Tipografía: *Ángela Trujano/Alógrafo*
Negativos de interiores: *Reprofoto*
Impresión de portada: *Reprofoto*

ESTA EDICIÓN SE TERMINÓ DE IMPRIMIR EN LITOGRÁFICA PIRÁMIDE S.A DE C.V.
VIDAL ALCOCER #56, COL. CENTRO C.P. 06020 MÉXICO D.F. TELS: 5704 3827 • 5704 6175